律师手记

兰艳霞 著

浙江工商大学出版社
ZHEJIANG GONGSHANG UNIVERSITY PRESS

·杭州·

图书在版编目(CIP)数据

律师手记 / 兰艳霞著. — 杭州：浙江工商大学出
版社，2019.12

ISBN 978-7-5178-3589-9

Ⅰ．①律… Ⅱ．①兰… Ⅲ．①经济法－案例－中国
Ⅳ．①D922.290.5

中国版本图书馆 CIP 数据核字(2019)第 251980 号

律师手记

LVSHI SHOUJI

兰艳霞　著

责任编辑	沈敏丽
封面设计	林朦朦
责任印制	包建辉
出版发行	浙江工商大学出版社
	(杭州市教工路 198 号　邮政编码 310012)
	(E-mail:zjgsupress@163.com)
	(网址:http://www.zjgsupress.com)
	电话:0571－88904980,88831806(传真)
排　　版	杭州朝曦图文设计有限公司
印　　刷	杭州高腾印务有限公司
开　　本	710mm×1000mm　1/16
印　　张	9.75
字　　数	140 千
版 印 次	2019 年 12 月第 1 版　2019 年 12 月第 1 次印刷
书　　号	ISBN 978-7-5178-3589-9
定　　价	36.00 元

致我的2018。

前　　言

2018 年是有满满收获的一年。

2018 年，长期服务的一家上市公司进入＊ST（上市公司因最近两个会计年度经审计的净利润连续为负值、最近一个会计年度经审计的期末净资产为负值等原因，会被交易所实施退市风险警示。此时，公司股票简称前需冠以"＊ST"字样，以区别于其他股票）摘帽的关键年度，公司在经营及财务上都极为困难。因为公司被＊ST 后，其在银行、资本市场等的融资能力骤减；而公司业务的缩减要经历解决方案设计、谈判、交割等许多步骤，就像得了重疾之后，还出现各种并发症。此外，因为缺少足够的资金支持，各种纠纷也接踵而来。对律师而言，这既是严峻的挑战，也是珍贵的机遇。事态之瞬息变化如同战场，每一天每一刻都可能会有突发的紧急事情需要应对。对这些挑战的应对不仅需要储备丰富的法律专业知识，还需要随时学习消化新的法律领域的知识；此外，由于业务牵涉广泛，往往还要面对迅速学习、消化其他相关专业领域知识的挑战，还需要寻求并吸收财务、税务、产品等多方面的意见。这是思维的大运转，打通各个神经枢纽的脑部运动；更是一场人生的试炼，启迪对人生的见解与感悟。历经这场试炼如同攀爬崎岖陡峭的山路，步履艰难，疲惫异常，内心还时有困惑与迷惘。但咬牙坚持下去，最终会发现前方"豁然开朗，风景独好"；历经这场试炼亦如陪伴一位从人生高峰跌入低谷、重病缠身仍在极力奋战的朋友。从他的人生看世界，在"刀光剑影"中领略世间百态，体味人情冷暖。

2018 年，由于经济形势变化，我从原来非诉主业转战诉讼。与商业合作相比，诉讼的对抗性更为强烈，且更能锻炼律师的应变、抗压、耐力等各方面的能力。细看诉讼程序的设计，不就是对一个人思维逻辑的训练吗？法庭调查是掌握各方对事件本身的宏观认知；举证质证则是各方对事件分解后的细节性论证；辩论阶段是双方对前述宏观认知及细节性论证展开的说服式论证。这种经历对人的思维训练十分可贵！几件疑难复杂案件的告捷，不仅使我对法律规定有更深刻的认识，对我的个人成长也大有裨益。

2018年，有一件事情不得不提，那就是我成功处理了一件涉案四五百万元的侵害计算机软件商业秘密案。在此之前，我很少涉足知识产权领域，对此类案件相对陌生。在这个案件的处理上，需要克服一个个难题，顶住各方面压力，在领导等各方的支持下一步步推进，最终取得了还算圆满的成绩，自认难能可贵。

2018年，突然萌生记录执业经历的冲动，便提笔写下这本《律师手记》。出于律师的严谨，需要提醒读者朋友，本书内容仅是对个人经历及感受的记录，为本人的"一家之言"，难免具有局限性和片面性，相关观点及论述在全面求证之前，请谨慎引用。

大道至简！一诉讼一故事，一企业一人生。感恩这段经历：看看世界，看看人生，看看法律，大概也就如此了。

2019年8月

C目录
Contents

以案例说"股权代持"的司法认定

一、第一部分：案例篇

(一)案例一：保险公司股权成为名义出资人破产财产之股权的代持纠纷

YX公司是一家资产管理公司。2014年，YX公司拟通过公开"招、拍、挂"程序向一家国有企业受让一家保险公司(系股份公司)4000多万股权("标的股权")，价值为1亿多元人民币。出于各方面原因，YX公司委托ST公司以自己的名义参加拍卖程序，取得标的股权，并约定将标的股权登记于ST公司名下。YX公司与ST公司签署了代持协议，并通过ST公司的大股东支付了相应股权转让款及手续费用共计1亿多元人民币。受让标的股权过程中形成的交易合同、产权交易鉴定书、YX公司及ST公司的银行交易回单及电汇凭证等原始材料均由YX公司持有。2016年9月14日，ST公司被债权人申请破产，经管理人审查，标的股权成为唯一可分配的破产财产。为保障自己的合法权益，YX公司开始了漫长的维权诉讼。

针对股权代持及实际出资人股东资格的法律处理，最高人民法院发布的《关于适用〈中华人民共和国公司法〉若干问题的规定(三)》(简称"《公司法》司法解释三")做出了相关规定，但实践中的具体适用方法并不明晰，存在诸多分歧。我们认真查阅了相关法律法规、司法解释，并收集了大量的判例。经过严密的研究与分析，我们提出了本案的处理方案:①通过诉讼确定 ST 公司名下标的股权的归属;②从 ST 公司取回股权。为实现方案第一步,我们建议将保险公司及 ST 公司同时列为被告,以确定标的股权归属于 YX 公司,并同时确定 YX 公司作为保险公司的股东地位。为避免此案落入破产企业所在地法院管辖的不利情况,YX 公司提出将 ST 公司作为第三方进行诉讼。但这样的处理方式未将与涉诉标的股权有直接利害关系的 ST 公司作为正式利害关系方纳入案件,存在极大法律风险。

果不其然,本案一审法院认为,股权归属关系应根据合法的投资行为依法确定,不能由当事人自由约定,并据此判决驳回了 YX 公司的诉讼请求。二审法院则对"股权归属关系"与"委托投资关系"进行了充分论证,认为:①股权归属关系(我认为此处理解为"股东资格"更为准确)与委托投资关系是两个层面的法律关系,前者因合法投资行为形成,后者则因当事人之间的合同行为形成;②即使实际出资人与名义出资人在委托投资协议中对股权归属等内容做出约定,根据私法自治及合同相对性原则,其协议效力仅可及于契约当事人,对于作为第三人的公司不具有当然的约束力;③当事人之间存在的委托投资协议无法对抗公司,不能成为确认公司股东地位的依据。在此基础上,二审法院认为,YX 公司直接依据代持协议要求保险公司确认其公司的股东资格,理由不能成立。二审法院还示明,YX 公司可另行向 ST 公司主张权利。同时,二审法院也对《保险公司股权管理办法》是否属于强制性规范进行了论述,认为中国保险监督管理委员会作为履行监督管理职责的专业机构,其上述关于保险公司股权不得隐名代持的规定,有其授权立法的依据,且关系到金融市场的基本秩序,属于强制性的规范。代持协议不符合前述规范,不能成为股东变更的依据。

在股权代持的案件中,会涉及的一个法律问题是:隐名股东有没有行使过股东权利,包括参与公司管理、分红等权利。一般情况下,因为代持的相对性,隐名股东的股东身份并未披露给公司或者未得到公司的正式认可,相关公司管理、分红等权利行使一般都是以显名股东的名义进行的。即在未规范操作中,隐名股东无法就管理、分红等权利的行使提供有效证据。

在诉讼过程中,新的《保险公司股权管理办法》于 2018 年 4 月 10 日开始实施。国家加强了对金融、资本市场等的管理,司法界对于金融企业及上市公司的股权代持也开始持否定态度。同时,保险公司的股权价值也出现贬值。面对这一情形,YX 公司不再纠结于标的股权的取回,转而开启破产企业债权的确权。因代持款项并非直接打入 ST 公司,且 ST 公司的管理人对代持协议的有效性存在异议,在债权人的压力下,向 ST 公司支付的标的股权转让款等款项未能得到 ST 公司管理人的直接确认。一场普通破产债权确认纠纷就此拉开序幕。

经过破产企业所在地法院审理,确认了 YX 公司向 ST 公司支付的 1 亿多元的款项及其自支付至 ST 公司之日起按中国人民银行规定的同期同类贷款基准利率计算至受理破产清算申请之日止的利息损失的普通债权。ST 公司向中级人民法院提出了上诉,但因未支付诉讼费用,案子由二审法院裁定按自动撤回上诉处理,一审判决自送达之日起生效。

面对这个纠纷,如果当时 YX 公司对 ST 公司代持的标的股权做一个股权质押,对其所享有的"标的股权"进行保护,可能标的股权的代持就会更安全一些。当然,事情也可能并未就此结束。因为投资,你永远猜不到拐点在哪里,标的股权也可能在其低点重新回归。

(二)案例二:专业性中介机构内部股权代理纠纷

这又是一起复杂的股权代持案件。XH 系列公司系集会计、税务、资产评估、造价等"一套班子,几块牌子"的专业性中介公司的集合。原有 13 名股东按同等固定比例共同持有该系列公司的股权。2008 年,因为审计、评估等行业管理的要求,13 名股东对各公司的股权分别分配不同股东进行代持,但当时各方仅有框架性代持协议,未签署正式代持协议文件。其中,XH 资产评估公司的股权由 D 及 Z 按 9∶1 的比例登记持有,D 为 XH 资产评估公司法定代表人。2009 年 9 月,原 13 名股东签署 XH 系列公司股东出资情况确认表,确认了各股东在各 XH 公司的股权比例。同时,13 名股东通过股东大会决议,明确以部分股东名义报送工商登记机关备案的公司章程,仅出于公司适应外部管理环境目的而制订,该章程登记的股东是代替公司全体实际股东登记的名义股东;并同意计划筹建 XH 管理公司,实际股东出资比例与"XH"所有单位的实际股东出资比例一致。2011 年 7 月 29 日,各股东设立 XH 管理公司,各股东持股比例与原持股比例一致。2012 年,XH 管理公司以借款等名义向 D 及 Z 打款,并由 D 及 Z 向 XH 资产评估公司按其工商登记的比例同比增资。2014 年底左右,D 因与其他股东在经营方向等方面出现较大分歧,便从 XH 系列公司中取走 XH 资产评估公司的公章、营业执照等公司证件,将 XH 资产评估公司脱离原有股东的控制,单独实施经营活动。因多次与 D 协商不成,其他股东将 D 告上法庭,要求确定他们名下相关股权系归其他原股东所有的事实。

本案需要解决较多法律问题,具体为:

1. 案由的问题。本案起诉时,我们适用的案由是与公司有关的纠纷。在诉讼过程中,对方坚决认为本案系股东资格确认纠纷。庭审中,法官询问了双方对此的意见。我们认为,本案系原告 11 名股东(12 名股东中有 1 名股东为显名股东而未作为原告起诉)与 D 之间的股权纠纷,而股东资格确认纠纷系股东与公司之间的纠纷,由此本案应确定为与公司有关的纠纷。该观点被一审法院采纳。

2. 本案的被告问题。本案可以仅将 D 作为被告,由其他 12 名股东作为原告提起诉讼;也可以将 D 及 Z 共同作为被告,由其他 11 名股东作为原告提起诉讼;也可以将 D、Z 及 XH 资产评估公司作为被告,由其他 11 名股东作为原告提起诉讼。基于将另一位名义出资人员及标的公司作为被告提起诉讼更有利于查清事实真相,我们将 Z 及 XH 资产评估公司作为被告进行案件诉讼。

3. 评估公司的股权代持是否属于法律、行政法规禁止性规定的问题。2008 年,因为行业管理规范要求不具有资产评估师资格人员不得成为股东,评估公司方才安排由 D 及 Z 代持。在当时的司法实践中,行业规范要求并非法律、行政法规规定,不构成违反《中华人民共和国合同法》(以下简称《合同法》)第五十二条规定的因违反"法律、行政法规的强制性规范"而无效的情形。即在这种情况下的代持行为,司法实践一般是予以认可的。但如保险公司股权代持案所述,自 2018 年开始,国家加强了对金融市场的管控,在司法实践上体现为否定了金融机构、上市公司等存在的股权代持行为。

对于 2008 年的股权代持，D 认可对方提出的缘由，但其认为资产评估公司系金融领域的公司，应当适用金融秩序管理的规范，对于代持应当予以禁止。由此，双方代持关系于 2010 年就自动终止了。就此，我们从 2010 年资产评估行业禁止非评估师资格的人员担任公司股东演变成现在《中华人民共和国资产评估法》（以下简称《资产评估法》）允许三分之一以内非评估师资格人员担任股东的趋势着手，认为资产评估行业的管理呈现日渐宽松的态势；此外，《中华人民共和国公司法》《工商登记前置审批事项目录》对资产评估公司并无前置审批要求，而依据《资产评估法》及相关规范规定，资产评估公司股东要求属后置行业备案，即股东不符合《资产评估法》的要求仅是不可以开展业务而非不得成立公司的禁止性规定；同时，通过咨询当地工商管理机构对资产管理公司股东要求的具体操作要求，我们确定工商管理机构对资产管理公司股东要求并不展开具体审查。我们的观点得到了一审法院的认可，确定 D 的代持行为并不违法。

4. 资产评估公司 2012 年增资到底由谁进行的问题。对于 2012 年以 D 及 Z 的名义向 XH 资产评估公司增资，当前并无明确的书面文件能够证明该增资系全体股东的增资还是 D 及 Z 个人的增资。现有 XH 管理公司的转账凭证上记载"往来款"，财务凭证上记载"借款"，对原股东十分不利。但是，从整个增资的过程来看，因为各方在 2012 年之前的代持关系并没有进行过清算，D 之外的包括被告 Z 在内的所有股东均认为该增资是原股东的共同增资。无论是从常人的角度理解，还是从民事"高度盖然性"的角度理解，均可判定 2012 年的增资系原股东共同的增资。一审法院采信了上述观点，确认 2012 年增资行为系全体股东共同的增资。

5. 退出股东的股权处理问题。本案的复杂性在于，2003 年至 2009 年期间，XH 系列公司的股东成员因股东离职、退休等发生过变化。因为相关股东退出时的股权转让手续及转让款项支付等存在不规范、滞后的情况，为避免在股权处理时发生争议，需要这部分股东退出股权的情况及退出股权的分配情况等的证据。通常情况下，最直接的证据便是让当事人亲自出庭作证。但是出于时间久远、当事人年纪较大及旧事不应重提等原因,出庭作证并未达成,而是以协议、说明、支付凭证等书面完整证据链加以证明,解决了判决的基础事实问题。

本案在庭审中,法官向 D 方提问:"你说 2010 年原被告双方已自动终止代持关系,当时有没有进行过结算?"D 方答:"没有。但是 XH 系列公司此时已经处于各自独立的阶段,其他股东未对资产管理公司进行过实际管理,实际上构成对代持关系终止的默认。"基于 2010 年后各方仍在共同管理 XH 系列公司的事实情况,D 方的回答促成了法官内心关于代持事实持续存在的认定。经过多次开庭,一审法院最终确定了原股东对 XH 资产管理相关股权的所有权。

(三)案例三:名义出资人否认代持的代持股权纠纷

这是一个常规的股权代持纠纷案件。X 与 L 系表兄妹关系。X 经营有一家公司 A。2003 年,A 计划投资开设 B 公司。因当时的《中华人民共和国公司法》(以下简称《公司法》)禁止设立一人公司,X 便请当时在 A 公司任职的 L 代为出资 100 万元,代持 B 公司 10% 的股权,并将 L 登记为 B 公司股东。相应的出资款项 100 万元也以 L 的名义用"货款"的名义从 A 公司提出,由财务人员现金交付进 B 公司验资账户。2006 年,L 因业务方面不愉快等离开 A 公司,L 与 X 的关系也处于破裂状态。2009 年颁布的《公司法》允许设立一人公司,A 公司便以 100 万元的价格收购了 L 名下的 B 公司全部股权,成为 B 公司的唯一股东,并将股权转让款支付至 X 账户。2017 年,A 公司通过股权交易所出售了 B 公司的全部股权,原 L 名下对应股权价值约为 500 万元人民币。2018 年,L 起诉 A 公司,要求赔偿涉案股权损失 500 余万元人民币;并要求鉴定 2009 年股权变更工商登记的股权转让协议及委托收款协议中签字是否为其本人所签。经鉴定,2009 年股权变更登记时提供的股权转让协议上的签名确非 L 所签。

在早期,因《公司法》对一人公司设立的限制,将股权挂在他人名下的情况较为普遍,但代持的意识并不普遍。基于双方的信任关系等原因,当事人通常不会签署代持协议等文件。又因公司设立实行不实缴制,即公司设立时必须提供验资报告等文件,也就是说,出资款一定需要以被挂名人的名义打入公司。如果名义出资人出现道德风险,否认代持关系,则委托人(即实际出资人)往往处于被动状态。

本案的难点之一:L 与 A 公司是否构成股权代持关系。L 否认了投资款由 A 公司提供及其为 A 公司代持 B 股权的事实。她认为 A 公司的做账系 A 公司的单方行为,对其没有约束力;100 万元出资款系其通过亲朋好友借款等筹集并打入 B 公司验资账户,后并未进行任何的变更或转让的行为;2009 年股权转让系非基于本人意愿进行的转让,对其并不具有约束力。现因该等股权已经在市场上公开拍卖,A 公司应当向其支付该股权对应的股权转让款。事实上,L 仅在相关凭证上签署名字,并未实际经手资金往来。我们通过审查 100 万元领款单及款项往来、经办人出庭作证等方式确定 2003 年的 100 万元投资款系属于 A 公司出具的款项。到此虽然解决了投资款来源的问题,但是尚未解决投资款形成股权的归属问题。因为缺乏 L 系替 A 公司代为持股的直接证明,仅凭投资款来源即认定投资款形成的股权系代持股权很难得到法院的支持。

本案的难点之二:诉讼时效的适用。A 公司于 2009 年受让了 L 名下的股权,进行了相应的工商变更登记,并予以公示。如果签署股权转让协议 L 是不知情的,那么自工商登记公告之日起,L 就应当知道其股权已经发生变化了。然而,自 2009 年 L 股权转让变更登记时间至其起诉时间已将近 10 年,远远超出当时法律所规定的 2 年诉讼时效期间。

司法实践对由于股权转让协议不成立而引起的股权纠纷相关诉讼时效的适用存在争议。一种理解是依据《最高人民法院关于审理民事案件适用诉讼时效制度若干问题的规定》第一条的规定,当事人可以对债权请求权提出诉讼时效抗辩,即诉讼时效仅可对"债权请求权"提出抗辩。而请求确认合同不成立或合同无效是形成权,不是债权请求权,不适用法律上关于诉讼时效的规定。但是,该说法的依据仅是司法解释,而非法律法规的规定。从法律规定的角度看,2017 年实施的《中华人民共和国民法总则》(以下简称《民法总则》)对诉讼时效进行了较为详细的规定。《民法总则》第一百八十八条就诉讼时效做了原则性规定,向人民法院请求保护民事权利的诉讼时效期间为三年。法律另有规定的,依照其规定。诉讼时效期间自权利人知道或者应当知道权利受到损害以及义务人之日起计算。第一百九十六条规定了不适用诉讼时效的请求权，即：①请求停止侵害、排除妨碍、消除危险；②不动产物权和登记的动产物权的权利人请求返还财产；③请求支付抚养费、赡养费或者扶养费；④依法不适用诉讼时效的其他请求权。

就本案而言，依据《民法总则》第五章对民事权利的规定可以确定，股权既不是不动产物权，也非登记的动产物权，系投资形成的权利。2009 年，L 的股权被转让，并进行了工商公告性变更登记，即应当视为 L 在 2009 年时已经知道或者应当知道其股权受到损害。但 L 直到 10 年后的 2018 年方来主张权利，已经过了诉讼时效。但从另一个角度，如果 L 确认 2009 年签署的股权转让协议因非其本人的意思表示而不成立，则 A 公司基于股权转让协议受让涉案股权缺少协议依据，应当以不当得利返还，则诉讼时效应当于法院确认股权转让协议不成立时计算。按这个理论，只要存在股权转让协议不成立的情况，无论何时何地，L 均有权通过确定股权转让协议不成立的诉讼要求 A 公司返还股权或股权转让后的款项。这一结果显然不利于保护交易的稳定性，违背了诉讼时效的设置初衷。

(四)案例四：实际出资人要求公司将其登记成股东的代持股权纠纷

H 原系 A 公司的股东，后出于各种原因于 2014 年将其持有的 A 公司的股权转让，由 J 代为持有，并办理了工商变更登记手续。2018 年，H 与 J 通过法院调解达成一致意见：撤销 2014 年签署的股权转让协议，并经法院制成《调解书》。据此，H 持法院《调解书》要求 A 公司办理工商变更手续，将其登记为 A 公司股东。

对于 A 公司是否有义务将 H 登记为公司股东，A 公司内部存在争议。一种观点认为：股权转让协议被撤销，则撤销后的协议自始无效，H 与 J 之间的关系应恢复至 2014 年股权变更前的状态，即 H 是 A 公司的股东，公司有义务和责任将 H 登记为公司的股东。另一种观点认为：因无法确定 H 与 J 之间的真实关系，A 公司将 H 登记为公司股东，可能会引起其他不确定的法律风险。本律师对于该种股权代持涉及的法律问题分析如下：

代持协议处理与股东资格确定是不同法律关系，就目前情况看，A公司没有为H进行股东工商登记的法律义务。虽然《公司法》第三十二条第二款规定，公司应当将股东的姓名或者名称向公司登记机关登记，但该规定的前提条件是被登记人是公司股东。《最高人民法院关于适用〈中华人民共和国公司法〉若干问题的规定（三）》第二十四条第三款规定："实际出资人未经公司其他股东半数以上同意，请求公司变更股东、签发出资证明书、记载于股东名册、记载于公司章程并办理公司登记机关登记的，人民法院不予支持。"依据对该司法解释的理解，股权协议纠纷与股权资格确定纠纷存在区别，即确认实际出资人的身份并不一定享有公司股东资格。事实上，股权代持协议依据《合同法》来确定其效力等法律关系；股东资格等依据《公司法》的规定确定涉及其他股东等的第三方权益。因而，代持关系与公司股东资格关系是归属不同法律管辖下的两种不同法律关系。目前，确认H与J合同效力撤销的《调解书》仅是对其股权转让协议的处理，并未直接明确H作为A公司股东的股东资格；且也未明确A公司的登记义务。H要求A公司依据《调解书》内容将其登记于工商登记机构，即要求A公司确认其股东的资格，尚无直接依据。综上，本律师认为，H缺少直接获得股东资格的依据，A公司没有为其进行股东工商登记的法律义务。如A公司无法律义务将H登记为公司股东，则不应适用公司未履行登记义务的处罚规定。基于目前情况，H可通过《调解书》的强制执行或以股东资格确认纠纷等案由的民事诉讼的方式，通过司法等部门确定其公司股东资格后再由A公司将其登记于工商登记部门。如通过诉讼进行，则A公司可能成为被诉对象。

相反地，A公司依据H要求进行股东工商变更存在法律风险。根据本律师的理解，A公司若配合H进行工商变更登记，则系A公司对H股东资格的确认。该确认的合法性等存在问题，可能侵害其他股东的合法权益。另外，H与J撤销了其股权转让协议，但是撤销的法律后果是否侵害其他第三方的权益等仍不确定。如因公司对其股东资格的确认造成第三方权益受到损害，A公司可能面临赔偿责任等法律风险。有鉴于此，在现有情况及法律规定下，不建议A公司进行H的股东工商变更登记。

二、第二部分:法律分析篇

(一)股权代持的背景情况

在业务中,我经常被客户要求提供股权代持协议。虽然未进行具体统计,但股权代持现象在现实生活中较为普遍。股权代持的原因也各有不同,且较为复杂。按照股权代持的原因,我将股权代持大致分为以下几类:①规避法律法规、行业规范的限制而设置股权代持。如前面所述规避《公司法》对一人公司的限制,保险、资产评估等行业对投资主体的限制,国家对外资行业的准入限制等。如系为规避法律法规而设置的股权代持,则存在很大的法律风险。《合同法》第五十二条明确规定,违反法律法规的合同无效。这时,实际出资人只能主张代持协议无效后的财产(出资)返还等权利,无法实现购买股权的目的。如果法律法规变化后,代持关系也可变得合法,如一人公司的合法化而使实质为一人公司的代持合法化。如果政策法规趋于严格化,则原有合法的代持关系也可能变成非法,如目前司法机构对于金融机构、上市公司代持关系的否定。②为藏匿财产而设置的股权代持。比如我们的客户中就有这样的债务人,因为欠下巨额债务,已经上了司法系统的失信人员名单。但是我们发现她依然在经营业务,并要求我们进行债转股投资她新的业务公司。在新的业务公司中,她本人股权系由他人代持(据说是她亲戚)。如果该公司的名义出资人不向我们披露双方的代持关系,我们无法直接追索该业务公司的股权。③出于特殊原因为避免工商登记公示而进行的代持。如公务员身份或者给予某些员工的特殊激励股权等,有挂名于投资人的小投资人。④其他原因。

按股权代持类型看,股权代持可以是自然人之间的代持,也可以是自然人与法人之间的代持,还可以是法人与法人之间的代持。一般情况下,自然人之间的股权代持,涉及金额相对较小,代持关系的建立主要依靠双方的信任关系。他们或者是亲戚,或者是好友,或者是同事,或者是上下属,或者存在某些利益关系。在此情况下,名义出资人与实际出资人之间并不签订股权代持协议,也不注重代持协议履行中实际股东权益的法律保障等事宜。而涉及法人的股权代持,虽然也存在法人控制人之间的信任关系,但一般涉及的金额较大,往往存在书面的协议,从某种程度上说降低了代持所产生的法律风险。

现实中,很多代持股权的名义持有人系公司的小股东,其并不关注公司的运营等情况,也就不关注股东监督管理权的行使。同时,被投资的公司一般也是实际控制人的"一言堂",小股东对于股东会决议也仅有"签名权",甚至是"签名的义务"。实际出资人对代持股权的股东权益基本处于未行使状态。而且,股权代持关系与股权工商登记关系存在不一致,隐名股东在工商登记上并没有"名分",如名义出资人出现道德风险或名义出资人离世(或破产),名义出资人(或其继承人)不承认双方之间的股权代持关系,尤其在代持股权的价值发生巨大变化或者名义出资人与实际出资人之间关系恶化的情况下,代持股权的归属及实际出资人的股东资格就会陷于纠纷之中。

(二)股权代持纠纷法律关系分析

关于股权代持纠纷的诉讼实践,我查阅了许多相关判例,发现股权代持纠纷在案由、诉讼请求、判决等方面都存在不同的处理及结果。基于实践经验,我依据股权代持纠纷发生的时间点将股权代持纠纷分为两大类(如图1所示):

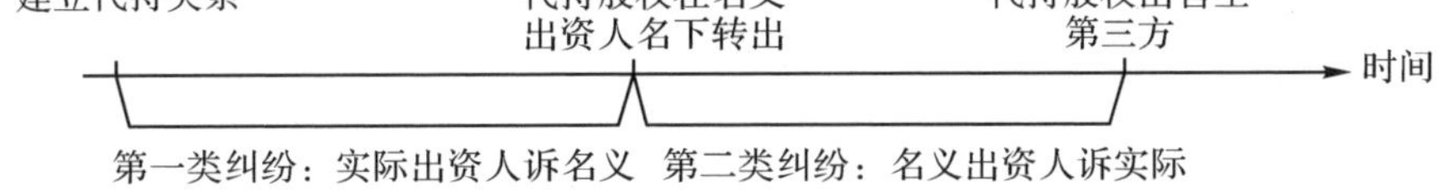

图1 股权代持纠纷分类图

第一类是,代持股权登记于名义出资人名下期间,实际出资人起诉名义出资人要求确认代持股权归属于实际出资人,这类纠纷由实际出资人发起。依据实际出资人的诉讼请求,这类纠纷的案由可能为与公司有关的纠纷、合同纠纷等。实际出资人需要提供的证据可能包括股权代持协议、投资款(股权转让款)支付凭证、股东权利行使资料(包括股东会参与、决策以及分红款收支情况等)。法院在审查这类案子时主要审查如下几个方面:①双方有没有股权代持的合意,即股权代持是否达成一致。②如达成一致,该股权代持是否违反法律法规的强制性规范,是否为无效。③如未违反法律法规强制性规范,则达成的一致是否履行,并据此确定双方法律关系及法律后果。

第二类是,代持股权已转出,名义出资人否认代持关系,要求代持股权持有方返还股权或者股权转让款项(如股权已经出售至第三方)的纠纷。这类纠纷由名义出资人发起,一般以股权转让纠纷为案由,以要求判定股权转让协议不成立或无效,确定代持股权归名义出资人所有,并要求实际出资人配合办理工商变更登记手续为诉请。在这类纠纷中,无论名义出资人事先是否知晓,代持股权从名义出资人名下转出时向工商部门所提交的股权转让协议上出让人(即名义出资人)的签字一般并非名义出资人签署。如没有其他证据可以证明名义出资人同意或知晓相关事宜,则实际出资人很难以工商登记变更已经完成进行抗辩。如案例篇中案例三所述,如果合同无效或不成立,则不适用诉讼时效的规定。那么在这种情况下,如无其他直接证据证明代持关系,名义出资人对代持股权享有的权益永远在法律保护的范围内。如实际出资人通过法律途径无法取得代持股权的相应权利,则其可以通过不当得利路径要求名义出资人返还出资款等款项,并可按照合同无效的过错,主张相应的赔偿责任。

无论是哪一类纠纷,我认为股权代持纠纷基本涉及两大法律关系:股权代持协议关系及股东资格(现有判例又将其称为"股权归属")关系。代持协议关系易导致名义出资人与实际出资人之间的纠纷,主要受《合同法》约束;股东资格关系主要导致实际出资人与代持股权所在公司之间的纠纷,涉及实际出资人能否显名化的问题,主要受《公司法》约束。代持协议关系问题处理是实际出资人股东资格问题处理的前提条件,只有在确定双方协议效力等问题后,方可进一步确定实际出资人的股东资格问题。

1. 股权代持协议关系。

代持协议关系的考察主要是为了确定双方是否成立合法有效的股

权代持关系。《公司法》司法解释三第二十四条被认为是关于股权代持及股东资格确认的重要规定。其第一款规定:有限责任公司的实际出资人与名义出资人订立合同,约定由实际出资人出资并享有投资权益,以名义出资人为名义股东,实际出资人与名义股东对该合同效力发生争议的,如无《合同法》第五十二条规定的情形,人民法院应当认定该合同有效。即,在不构成《合同法》规定合同无效的情况下,股权代持协议受法律保护。在此基础上,在股权代持关系问题中,我认为主要存在以下两方面的问题:

(1)双方未签署股权代持协议问题。"股权代持"的概念应当是《公司法》司法解释三实施后方被官方确名的。在此之前,实务中主要以"挂名"等方式进行理解。很多时候,实际出资人与名义出资人的协议用"打招呼确定"的方式代替了书面合同。经过工商登记,名义出资人的股东身份便得到官方的确认,如出现名义出资人对口头约定不予确认的情况,如无其他能证明代持关系的实质性证据,即便存在证人予以佐证,或是存在出资款项(股权转让款项)给付等凭证,也很难通过司法机构确定双方的代持关系。由此可见,口头约定存在极大法律风险,股权代持协议的存在具有极大法律意义。

(2)双方的代持协议是否有效问题。如双方达成一致意思订立了代持协议,那么需要进一步确定代持协议是否有效。按照"法无禁止皆可行"的司法理论,如不存在《合同法》第五十二条规定的合同无效情形,一般认定代持协议有效。《合同法》第五十二条规定合同无效的情形包括:①一方以欺诈、胁迫的手段订立合同,损害国家利益;②恶意串通,损害国家、集体或者第三人利益;③以合法形式掩盖非法目的;④损害社会公共利益;⑤违反法律、行政法规的强制性规定。其中,适用较多的法律依据是第五项"违反法律、行政法规的强制性规定"。

对于什么是"法律、行政法规",什么是"强制性规定",最高人民法院的司法解释也做了明确规定。《最高人民法院关于适用〈中华人民共和国合同法〉若干问题的解释(一)》(以下简称《合同法》司法解释一)第四条明确规定,合同法实施以后,人民法院确认合同无效,应当以全国人大及其常委会制定的法律和国务院制定的行政法规为依据,不得以地方性法规、行政规章为依据。也就是说,《合同法》第五十二条规定的"法律、行政法规"是全国人大及其常委会制定的法律和国务院制定的行政法规。在此解释基础上,通常认为,因行业规范限制而无法成为股东的股权代持不属于无效的代持,如前述 XH 资产评估公司股权代持的案例。另外,现有司法实践对金融行业企业以及上市公司的股权代持是持否定态度的。《最高人民法院关于适用〈中华人民共和国合同法〉若干问题的解释(二)》(以下简称"《合同法》司法解释二")第十四条规定,合同法第五十二条第五项规定的"强制性规定",是指效力性强制性规定,对"强制性规定"进行了解释。如在 XH 资产评估公司股权代持的案例中,我们便是对《资产评估法》中关于资产评估公司股东资格要求的规定属于"管理性规定"进行了论证。

(3)投资权益归属的问题。在确定代持关系的情况下,可以依据《公司法》司法解释三第二十五条第二款规定及代持协议内容确定投资权益的归属。但是,取得"投资权益"是否就取得了"公司股权"? 如果不是,那么"投资权益"应该包括哪些权益? 与"股权"在权益构成上存在哪些区别? 这些问题,法律及司法解释并没有予以明确。

《民法总则》第一百二十五条规定:"民事主体依法享有股权和其他投资性权利。"《公司法》第四条规定:"公司股东依法享有资产收益、参与重大决策和选择管理者等权利。"按照对《民法总则》及《公司法》的理解,股权系不同于物权、债权的一类权益,具体应当包括以下权益:股东身份权、参加股东会(股东大会)权、提案权、召集临时股东会权、表决权、分红权、增资权、剩余财产分配权、知情权、优先购买权、代位诉讼权、诉讼权、决议撤销权、退股权等。那么"投资权益"是否包括上述"股权"的全部内容呢? "投资权益"又包括哪些内容呢? 如果实际出资人无法"显名",那么实际出资人的"投资权益"与名义出资人的"股权"的权益该如何划分? 这有待法律及司法实践进一步明确。

2.股东资格关系。

前述案例及博智资本基金公司与鸿元控股集团有限公司其他合同纠纷判决均认为:股权归属关系与委托投资关系是两个层面的法律关系,前者因合法的投资行为而形成,后者则因当事人之间的合同行为形成。虽然名义出资人与实际出资人订立的有关代持协议并不属于《合同法》规定的无效情形,该等代持协议有效,但股权归属关系应根据合法的投资行为依法律确定,不能由当事人自由约定。也就是说,仅仅确定了投资权益的归属问题,是无法直接确定实际出资人的股东资格的。实际出资人要正式取得股权,还需要股东资格确认的程序,实现显名化的过程。

《公司法》司法解释三第二十四条第三款规定,(有限责任公司)实际出资人未经公司其他股东半数以上同意,请求公司变更股东、签发出资证明书、记载于股东名册、记载于公司章程并办理公司登记机关登记的,人民法院不予支持。按照该条款的字面理解,有限责任公司实际出资人的投资权益归属确定后,如其他股东半数以上同意,可以请求公司变更股东、签发出资证明书、进行工商变更登记等,以最终确定其股东资格。《公司法》司法解释三第二十一条又规定:"当事人向人民法院起诉请求确认其股东资格的,应当以公司为被告,与案件争议股权有利害关系的人作为第三人参加诉讼。"

从理论上讲,确认了实际出资人对"代持股权"享有的"投资权益",可参照实际出资人与名义出资人进行"股权转让"的方式进行处理。即,应与其他股东确定,是否同意实际出资人成为公司股东。如同意,则公司可直接将实际出资人登记为公司股东;如不同意,可要求其他股东对实际出资人所确定的"代持股权"进行收购;如不收购的,则视为同意实际出资人成为公司股东。但目前,该操作仍缺少法律上的依据。

在司法实践中,有一部分法院对有限责任股权代持纠纷的处理按"类物权"的方式进行:首先确定股权的归属,再确定另一方配合办理工商变更登记手续。在我看来,该种处理方式存在法律上的问题。因为股权与物权是有区别的,物权的登记处理除了具有对外公告的效果,基本不对其他方产生影响;而股权的登记将直接对其他股东产生影响。此外,这种处理方式在执行上也存在问题。在执行中,另一方该如何配合办理工商变更登记手续尚存疑问。其是向公司提出股东变更登记申请,还是向工商登记管理局提出变更登记的申请?这将会成为执行阶段的一个难题。

3. 小结。

综上所述,股权代持纠纷可以解构为《合同法》上的代持协议关系及《公司法》上的股东资格关系。在现有制度下,通过代持协议可以很大程度上解决代持协议关系,但无法直接解决股东资格关系,存在很大法律风险。另一方面,即便通过代签名的方式使名义出资人(股权代持人)退出公司,也不能从时间(诉讼时效)上隔断名义出资人对代持股权的权利。从这个角度而言,选任名义出资人(代持人)是极为重要的。

三、第三部分:实务篇

如果不能将股权代持的法律风险降至零,那么要如何操作才能最大程度降低股权代持的法律风险呢? 不妨从以下几方面着手:

1. 选任靠谱代持人。

如前分析,代持人是股权代持的最大风险。应尽可能选择经济状况较好、具有良好人品的人代持股权。

2. 签署股权代持协议。

签署权代持协议就如给了他人现金,让对方签个收条一样。如果你觉得给现金不需要签收条,那在对方不承认收到现金的情况下,你就只能吃哑巴亏。有些人会觉得,别人已经出于好心无偿为我代持股权了,还要对方签署书面协议,难以启齿。其实这种想法是不对的。既然是协议,那就是对双方的保障。如果因代持股权出现什么纠纷,代持人也可以用代持协议来保障自己的权益。从这个角度上来说,签署股权代持协议是共益的。

3. 股权代持协议的内容。

应尽可能明确代持股权情况和权益具体内容,并对工作机制进行确定。如前分析,代持人因登记成了名义股东,其从法律上享有代持股权的全部权益,如经营管理权、表决权、增资权、分红权等。在股权代持协议里应尽可能全面描述该等权益,尽可能减少纠纷。另外,应明确公司股东会召开、分红、增资等事项的互通机制、权利行使机制等。

4. 股权代持协议的履行。

股权代持协议的履行过程应尽可能保存书面材料。然而,是不是签署了股权代持协议就万事大吉了呢?答案是否定的。如若发生纠纷,股权代持协议的履行过程将由被代持人进行举证,因此为尽可能规避被代持人的风险,代持协议的履行过程应尽量形成书面证据。比如被代持人在将出资款、股权转让款打给代持人时,尽可能通过转账方式,并在转账时备注用途;将代持人登记为公司股东后,由代持人出具书面确认函,确定双方代持关系及代持股权属于被代持人的性质;在公司召开股东会时,对股东权利的行使等通过邮件、微信等形式进行授权;被代持人从代持人处收回分红款等款项时,也尽可能通过转账等方式进行。

5. 对代持股权进行质押登记保护。

因代持股权登记于代持人名下,被代持人对股权的权利无法对抗第三人。如代持人存在对外债务,则代持股权可能成为代持人的资产而被用于偿还债务,或在财产分割时进行分割。为保护代持股权的安全,使代持股权权处于被代持人的控制下,可将代持股权质押回被代持人名下。

6. 代持股权纠纷的积极应对。

只有规范操作,才能"摆证据、说道理",才能说服律师、说服法官,最终赢得诉讼案。

以案例说员工股权激励架构设置

在执业之初,我的主业是证券业务,主要和团队一起帮助企业完成首次公开发行股票并上市(又称"IPO")的业务。所以我对公司的业务,包括公司治理结构、股权激励等领域均有所涉及。后来我主要担任一些大中型企业常年的法律顾问,没有进行公司治理结构、股权激励等方面的专项研究。但在常年法律顾问的服务过程中,还是经常遇到股权激励方面的事务处理。随着法律制度等的推进,股权激励的形式也发生了明显的变化。比如之前激励股权主要以有限责任公司的形式存在,《中华人民共和国合伙企业法》(以下简称《合伙企业法》)修订后,激励股权大多通过有限合伙企业的形式存在。

2018年期间,我处理了一系列与股权激励相关的纠纷,包括股权激励转让款支付不能的纠纷,未被收购人员要求控股股东及实际控制人予以收购的纠纷,等等。在处理的过程中,我了解了相关公司股权激励的安排、授权及回购的过程,也领略到该种股权激励存在的利弊。

一、股权激励的架构安排

(一)股权激励的基本架构

客户管理人员股权激励的基本安排为(如图2所示):

基于我国《公司法》《证券法》对有限责任公司股东的限制,以及股权激励员工对公司的贡献大小,客户在上市公司及其控股公司中设置了股权激励,即相应股权激励员工可以直接成为上市公司的股东或者控股公司的股东。两个主体的激励股权的授权价格是一致的。取得激励股权的方式可以是以原股东股权转让的方式,也可以是以向上市公司及控股公司增资的方式。

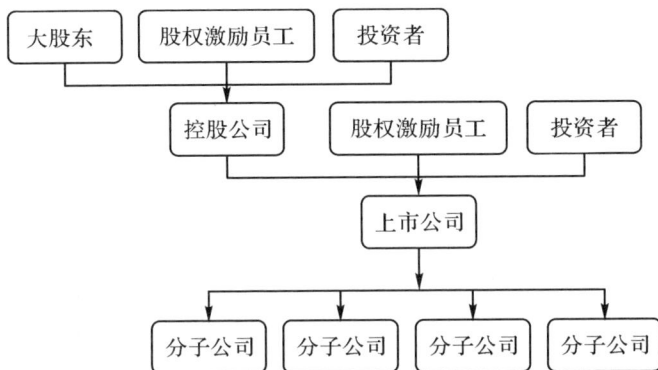

图 2 客户管理人员股权激励的基本安排图

为了实现股权激励员工同股同权,控股公司及实际控制人与取得控股公司股权的股权激励员工签署了投资协议,承诺他们持有控股公司的股权与上市公司股权"一一对应"。所谓的"一一对应"可以有两种理解:一种理解是指持有控股公司的 10 万元股权,就相当于持有上市公司 10 万元股权;另一种理解是指对应的股权数量,同时享有上市公司实施股权分红、配股、增发等权利。这实际上是在控股公司平台上为上市公司设置了"虚拟股权"。

为了保障控股公司股权激励员工的退出权益,投资协议中还约定了股权激励员工的退出方式,即上市公司成功上市后,在禁售期解禁后,股权激励员工可行使要求回购权,由控股公司或大股东按要求回购日的上市公司收盘价进行回购。如上市公司未成功上市,则由大股东按年化 10%—20% 的利息计付投资金本息。

同时,对于特殊的员工,其激励股权还可能由部分股权激励员工进行代持。这样的代持可能存在未如实披露的监管风险。而且,目前司法实践对上市公司的股权代持是予以否定的,但对于上市公司控股公司的股东尚不存在这样的规定。

(二)股权激权架构下的股权价值

对于前述股权激励安排下的股权价值,举例说明:

例子1:甲出资20万元,按1∶2的价格取得了上市主体10万股股权。上市主体上市后进行了两次配股,一次10股配3股,一次10股配6股,则甲对应上市公司的股权数量为10万股×1.3×1.6=20.8万股。如甲以20元的价格在二级市场上出售了全部股票(需要符合高管减持,符合相关监管要求),则应得的款项为20.8万股×20元/股=416万元人民币,扣除一定的印花税及交易手续费,到手的净额仍有400余万元。据此,某甲20万元投资款的收益率大于20倍。

例子2:乙出资20万元,按1∶2的价格取得了控股公司10万股股权,控股公司股权与上市公司股权一一对应(包含配股等);上市公司上市后进行了两次配股,一次10股配3股,一次10股配6股,则乙对应上市公司的股权数量也为10万股×1.3×1.6=20.8万股。如果,这时候乙要求控股股东进行回购(不受高管减持等相关监管要求限制),要求回购日的上市公司的收盘价格为20元/股,则乙可以拿到的税前股权转让款为20.8万股×20元/股=416万元人民币。当然,该款项还需扣除20%的个人所得税,实际到手的金额为336.8万元。如再扣除控股公司的25%企业所得税,实际到手的金额为253.6万元。据此,某乙20万元投资款的收益率大于10倍,小于20倍。

例子3:丙出资20万元,按1∶2的价格取得了控股公司10万股股权,控股公司股权与上市公司股权一一对应(不包含配股等),则某丙对应上市公司的股权数量为10万股。这时候某丙要求控股股东进行回购(不受高管减持等相关监管要求限制),要求回购日的上市公司的收盘价格为20元/股,则某丙可以拿到的税前股权转让款为:10万股×20元/股=200万元人民币。当然,该款项还可能需再扣除控股公司企业所得税及个人所得税等税款。据此,丙20万元投资款的收益率小于10倍。

(三)股权激励架构的优劣分析

将管理人员的激励股权放置于控股公司较将激励股权放置于上市公司具有一定的优越性:第一,它避免了很多监管要求。如高管对持有上市公司股权情况的披露要求、高管减持的监管要求等。第二,因为管理人员的股权退出需要通过控股股东或大股东,并非可以直接从二级市场上变现,公司上市解禁后不会出现管理人员"离职潮"。第三,控股股东和大股东对控股公司享有掌控权,可以在合适的时候主动发起股权收购。第四,从税务角度看,直接在上市公司层面进行激励,与在控股公司层面进行激励,激励效果存在很大不同。公司可以依据实际情况进行安排、分配。

当然,这样的架构劣势也是明显的:第一,在控股公司设置很多股东,不便于管理,并在一定程度上影响控股公司的融资和业务发展。第二,相关管理人员股权退出时,无法从资本市场上直接退出,而是需要控股公司或者大股东收购才可以完成。这就意味着,控股公司或者大股东需要为管理人员的股权退出准备一笔受让资金,这在很大程度上会造成控股公司及大股东的资金压力。如果控股公司通过减持上市公司股权的方式取得资金,则可能触犯信息披露及减持限制等监管要求,且对控股公司的整体持股战略产生重要影响。第三,整个股权激励架构承担较大的税负。

二、股权激励架构下的纠纷

我们遇到的正是这样的纠纷。控股公司减持了一部分上市公司股权后,基于公司管理需要等原因,对相关激励人员的股权实施了收购。各方依据原有投资协议,按控股股东减持的相关价格达成了一致,签署了股权转让协议。依据股权转让协议,股权转让价格系原来员工投资金额的二三十倍。因控股公司减持上市公司股权与股权收购存在时间差,相应资金进行其他安排后股权转让款无法按时支付。后因市场形势变化、公司经营情况不佳等,形成了两类纠纷:一类是确定的股权转让款无法及时支付,相关人员通过法院要求支付的纠纷;另一类是激励股权未被收购的员工要求控股公司及大股东按照其他人员的价格予以收购。

我们依据不同的情况予以区别处理:

对于第一类纠纷,我们一般以调解方式予以处理,以争取更长的支付期限。虽然这个款项为股权激励款并且已经溢价二三十倍,但对于激励员工而言,并未觉得该笔款项是"意外之财",而是"理所应当"。在进入司法程序的情况下,双方之间的关系基本已经不再那么"友好",员工在利息及调解书的执行等方面基本没可能做出很大让步。在企业经营业绩不佳的情况下,如果无法支付,便须面临司法执行。这时,控股公司的法定代表人、大股东可能被采取限制高消费等司法措施;大股东、控股公司亦会进入被执行人名单,直接影响已有的企业融资等经营事宜。这对经营困难的企业而言,无疑是雪上加霜。我们处理的几件纠纷都是涉及几千万股权转让款的诉讼,虽然各方通过调解取得了一定的付款期限延迟,但因为公司运营紧张,最终仍然未实现支付。激励员工最终向法院申请了强制执行,通过司法拍卖控股公司房地产、股权等相应权益进行兑付。

对于第二类纠纷,从情理角度看,在双方可接受的范围内对原未收购的员工股权进行收购,并非不可考虑。但从法律上说,因为大股东、控股公司对其他股东的股权收购系新的邀约、承诺关系,不直接适用于未正式签署股权转让协议的人员。股权未被收购的员工通过法院要求收购并支付相应股权转让款,很难得到法院的支持。我们就处理过类似的案件,公司原高管向控股公司投资了200万元取得了100万股的股权,但未办理工商变更登记等手续。公司在该名高管受让股权之前按1∶3的方式进行了资本公积金转增资本;公司上市后进行了两次配股,一次是10股配6股,一次是10股配5股。后公司实际控制人及其关联方对公司其他股东(早于她的股权激励人员,激励方式与她存在不同,且在工商部门进行登记)按不同约定、不同价格进行了股权收购,并签署了股权转让协议。该名原高管一直要求公司大股东按其他人员的收购价格收购她的股权(即按100万股×3倍×1.5倍×1.6倍×若干元/股×80%×75%的价格收购),并将控股公司及大股东起诉至法院,要求其支付"股权兑现款 5000 余万元",并要求采取查封控股公司持有上市公司股票等措施。该名高管的行为敌对性很强,且扩大了该案件的负面影响。我们认为,该名高管的收购价格是一个新的要约,大股东及控股公司并未承诺按其要约进行收购,双方未达成一致。为此,大股东及控股公司在缴纳了几千万元的保证金后,不予收购,也不予调解。虽然就这个案件而言,该名高管的诉讼从理论上无法取得胜诉,但为应对案件财产保全的需要,巨额的保证金直接占用了控股公司 5000 余万元的流动资金,在很大程度上影响了公司的运转。

三、股权激励架构的调整与运用

法律始终处于变迁之中,《合伙企业法》的修订对股权激励在有限合伙企业中的运用起到了促进作用。我们一家顾问单位,属于新设的文化企业,在设立之时便启动 IPO 的战略规划,着手引入风险投资者,并且考虑对公司员工进行股权激励等的事项。为此,该企业邀请我们及财务顾问为其设计股权激励架构、制定具体实施方案等。

经过多次探讨,在相关实践及《公司法》《合伙企业法》等法律法规的基础上,我们确定的股权激励架构为(如图 3):

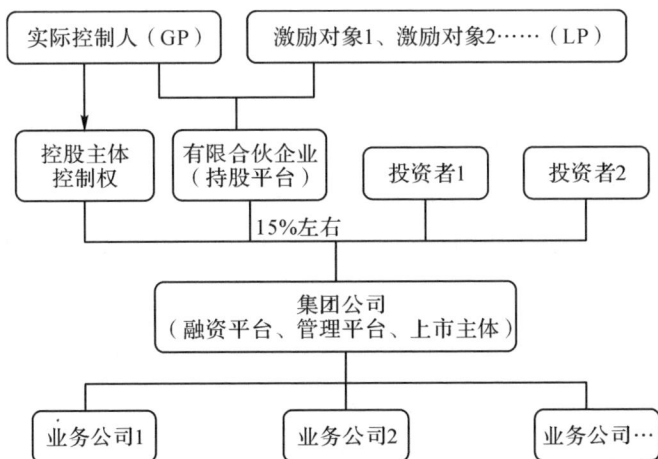

图 3　股权激励架构图

这个架构具有明显的优势：

1.它设置了持股平台作为股权激励的平台，而非由激励员工直接在上市主体层面持股。这在很大程度上避免了公司在上市时可能出现的管理人员"离职潮"。

2.它的持股平台以有限合伙企业的形式存在，实际控制人作为有限合伙企业(持股平台)的一般合伙人，股权激励对象作为有限合伙企业(持股平台)的有限合伙人，可以使实际控制人以小比例出资实现对持股平台的管理与控制。同时在税负上减少了企业所得税等征税环节。

3.它的持股平台独立于控股主体，可有效实现风险隔离。同时，因激励股权产生的任何纠纷均在持股平台内处理，不牵涉控股主体，因而不会直接影响控股主体的正常运营。

4.激励员工的股权退出相对较为独立及简便。持股平台系上市公司小股东，其持股比例的增减不会影响控股主体对上市主体的持股安排，也不会受到监管部门特殊的要求限制。员工的股权退出也可以直接通过持股平台实现，不会对控股主体造成资金压力等。

四、尾言

股权激励因企业的特点、行业及激励方式不同等因素，可能采取不一样的架构。但无论多好的股权激励架构，最终都会面临对人性的挑战。公司一上市，原有股权价值就是十几倍，甚至几十倍地升值。原来二三十万元的价值，突然升值至几百元甚至数千万元。如果你告诉他，这笔钱先在我这里放一下，那么他随时都有可能想尽办法问你要回去。如果哪一天，无论什么原因导致这几百万元甚至数千万元的东西掉价了或者贬值了，他会很着急、很焦虑，继而可能会想尽办法去弥补这部分"损失"。"如果要毁一个人，请给他一笔钱"，大概说的就是这样的道理。

以案例说软件公司商业秘密保护案

2018 年是关于知识产权保护的一年。我曾经在一个月内,连续收到三家顾问单位关于商业秘密等知识产权问题的法律咨询。一件是上市公司从竞争对手处引入高管,对可能存在的竞业限制、商业秘密风险的分析与防范;一件是新能源汽车生产企业的技术总监离职,对其手头掌握的核心技术等商业秘密的交接及竞业限制的处理;一件是计算机软件公司武汉团队的技术总监私设公司使用软件公司技术做"飞单"的商业秘密侵权案件。前两件均通过谈判、协商等方式予以处理。第三件则通过工商举报的方式最终妥善解决,这是一件极具实践意义的案件,将在本文进行论述。

一、基本案情

XT 公司系一家主要进行交通类大型软件系统、大数据管理技术开发的技术型企业,在交通系统建设领域小有名气。XT 公司在武汉等多地设有分公司。经多年研发、业务积累,XT 公司形成了交通类行业相关的标书内容、设计书、规格文档、技术文档、软件源代码等知识产权类、商业秘密类无形资产。该等无形资产是 XT 公司的核心竞争力,也是 XT 公司生存的基础。该等无形资产主要放置于公司的阿里云服务器上,该公司通过相关软件及公司《文件管理制度》等制度、《商业、技术保密及竞业限制协议》等协议对商业秘密、知识产权等进行管理。员工 CT 系 XT 公司武汉分公司的主要负责人,是公司的核心技术人员,与 XT 公司签署有劳动合同、《商业、技术保密及竞业限制协议》等文件,主要负责西部区域及 XT 公司交办的项目。经 CT 申请,武汉分公司另开设阿里云服务器,由 CT 负责管理及使用。

　　2018 年 4 月,XT 公司发现:①CT 于 2017 年 3 月成立了自己的公司——武汉 SM 公司。②2017 年 11 月,黑龙江省级交通部门就平台建设项目(以下简称"黑龙江项目")进行公开招标。CT 使用 XT 公司现有项目的投标书内容以另一家北京上市公司 YHL 公司的名义进行投标。2017 年 12 月 7 日,YHL 公司中标黑龙江项目,中标金额为 445 万元。③2018 年 1 月,黑龙江省交通部门与 YHL 公司签署软件开发项目合同书。依据合同,445 万元款项将会在合同生效后 7 个工作日内支付至 YHL 公司账户。④YHL 公司取得项目后以分包方式最终由 SM 公司实施。⑤CT 作为 YHL 公司代表进行了项目启动会讲解并提供了项目服务人员名单及项目进度表等内容,其中项目服务人员基本为 XT 公司武汉团队成员。⑥项目合同签署后,CT 等人开始为黑龙江项目提供服务,并将项目文档,包括但不限于投标书、合同、软件开发过程中形成的各种文档、源代码等,放置于其控制和管理的武汉分公司服务器上。⑦截至 2018 年 10 月,SM 公司共收到黑龙江项目款项 65 万元。

二、前期准备

(一)分析与研究

　　收到 XT 公司的诉求后,我们进行了大量法律、案例及专著方面的分析、研究。我们初步分析,CT 使用 XT 公司的技术包括投标书的主要内容及提供给黑龙江项目的计算机软件。因此可以从著作权角度进行维权,也可以从商业秘密角度进行维权。现有对计算机软件及商业秘密进行规定的法律法规、司法解释主要包括:《中华人民共和国刑法》(以下简称《刑法》)、《中华人民共和国反不正当竞争法》(以下简称《反不正当竞争法》)、《中华人民共和国著作权法》(以下简称《著作权法》)及其实施条例、《计算机软件保护条例》《最高人民法院、最高人民检察院关于办理侵犯知识产权刑事案件具体应用法律若干问题的解释(二)》《最高人民法院关于审理不正当竞争民事案件应用法律若干问题的解释》《国家工商行政管理局关于商业秘密构成要件问题的答复》《国家工商行政管理局关于禁止侵犯商业秘密行为的若干规定》及北京市高级人民法院《侵害著作权案件审理指南》等。

CT 使用 XT 公司的投标书、计算机软件等内容,既涉及《著作权法》规定的著作权,也涉及《反不正当竞争法》等法律规定的商业秘密,因而可以选择从侵害著作权角度进行保护,也可以从侵害商业秘密角度进行保护。如依据著作权进行保护,则应确定相应的投标书、计算机软件系 XT 公司所有,而 CT 未经 XT 公司许可,使用了该等投标书和计算机软件。此外,如按著作权进行保护,在法律适用上,应注意《刑法》及行政处罚侧重惩罚复制发行著作权人的计算机软件的行为,与 CT 的行为存在差距;而走民事法律路径则面临较大的举证责任。当然,从理论上说,CT 可能涉及职务侵权等刑事犯罪。如依据商业秘密进行保护,则应确定相应的计算机软件为 XT 公司的商业秘密,而 CT 未经 XT 公司同意,窃取、使用了该商业秘密。CT 的行为与侵害商业秘密的行为十分契合。《刑法》规定侵害商业秘密案的起刑数额为造成权利人直接经济损失 50 万元人民币。CT 的涉案金额为 445 万元人民币,远远超过 50 万元的起刑数额,因而也可以考虑从《刑法》角度追究 CT 侵害商业秘密的行为。此外,《反不正当竞争法》亦通过工商执法手段保护商业秘密,对侵害商业秘密的行为可予以行政处罚。同时,作为权利人,XT 公司还可以从民事诉讼的角度进行商业秘密侵权的维权。

我们进一步研究认为,在侵害商业秘密案中,需要权利人确定商业秘密的内容、对商业秘密采取保密措施、侵害方实施了侵害商业秘密的行为等构成要素。对于什么是商业秘密,《反不正当竞争法》第九条规定为:商业秘密是指不为公众所知悉、具有商业价值并经权利人采取相应保密措施的技术信息和经营信息。即,商业秘密应包括非公知性、经济性及采取保密性三大特点。其中采取保密措施需由权利人进行证明,非公知性可在需要时由第三方进行鉴定。依据法律,侵害商业秘密的行为可包括:以盗窃、贿赂、欺诈、胁迫或者其他不正当手段获取权利人的商业秘密;违反约定或者违反权利人有关保守商业秘密的要求,披露、使用或者允许他人使用其所掌握的商业秘密。CT违反公司的竞业限制及保密约定,私下设立与XT公司同业务类型的SM公司,并以SM公司名义通过分包形式,使用XT公司所有的技术实施黑龙江项目,相关收益由SM公司收取,该行为符合法律关于"侵害商业秘密行为"的规定。

(二)专业咨询

因为对计算机软件的组成等方面缺乏专业知识,我找到了专门做软件开发的朋友进行了咨询。在他的指导下,我了解了计算机软件的开发过程,包括文件档案、框架设计、源代码撰写等;也了解了数据平台基本的组成,比如应用端、数据端、数据交换方式、数据安全保护措施等内容。当我给他看部分XT公司软件源代码与CT用于黑龙江项目的软件源代码比对情况,他清楚地告诉我,这个情况属于源代码泄露了。对于CT用于黑龙江项目的软件源代码与XT公司软件源代码存在的不同,他打比方说,如果将源代码看作一座房子,那么这两份源代码不同之处,仅是房子墙体粉刷的颜色或者是贴的窗子不一样。在朋友的帮助下,我内心更加确定CT在黑龙江项目上使用了XT公司计算机软件,侵害了XT公司计算机软件权益。

(三)证据收集

在与XT公司法定代表人多次沟通后,我们一边进行法律法规、案例、专著等方面的研究,一方面依据研究情况启动调查取证、处理方案制定等工作。按照现有研究,我们主要从以下几方面展开调查取证工作:(1)XT公司商业秘密保密措施方面:①整理CT等人的劳动合同、保密协议及劳动关系建立的相关资料;②整理公司关于技术的保密制度、保密措施等;③其他相关信息。(2)CT实施侵害商业秘密的行为方面:①黑龙江项目资料的固定,即就武汉分公司阿里云服务器上有关黑龙江项目的全部资料进行公证保全;②由公司的技术人员对现有黑龙江项目的资料进行分析,确认其使用的技术是否与公司现有技术相同;③收集黑龙江项目的公开招标等相关信息;④收集 SM 公司、YHL 公司的工商登记信息等。(3)其他相关证据材料。

三、维权之路

案子的处理总没有法律规定的那么简单。在收集了相关证据材料后,我们开始了漫漫维权之路。

(一)向公安报案

维权之路,我们首先选择从刑事责任角度入手,以涉嫌构成侵害商业秘密和职务侵占两个罪名向公安报案。公安报案首先需要解决的是管辖问题。本案中,犯罪行为实施地为武汉及黑龙江,但我们认为,XT 公司所在地是犯罪结果发生地,由此,我们向 XT 公司所在地区公安局报案。XT 公司所在地区公安人员告知我们,所有的商业秘密案均由市里受理,让我们向市公安局报案。因此我们又将资料送到了市公安经侦部门。因为 P2P"爆雷"等,市公安接待了批量的 P2P 投资者后收下了我们的材料,然后告知我们研究这些材料后会通知我们是否受理。

在报案过程中,发生了如下的小插曲。在向区公安局报案的过程中,接待我们的是一名女警官,她很有礼貌地请我们坐下后翻阅了我们的资料。

看完后,她很有礼貌地问:"你们有付保密费吗?"

"没有。"我们如实回答。

"既然没有付,他们就没有替你们保守商业秘密的责任。"她笑着继续问道,"你们是律师吗?"

"是的。"

"既然是律师,那我就直接说了。"她胸有成竹、严厉地说道,"我觉得你们这个案子公安是不会立案的。"她又说道:"虽然我们不负责处理这样的案子,但是我知道,商业秘密包括客户名单之类的……"她还进行了许多分析，最后说道："你们去了市经侦部门也是碰壁。"

虽然认为这名女警员说得不对，但我的心情是阴郁的。

到了市公安局经侦部门，接待人员边看材料边问："保密协议签了吗？"

"签了。"

"保密措施还有吗？"

"有的。公司有公开的规章制度规定的。"

"保密措施看着是够了。对方使用的软件是什么情况？"

"我们比对过了，基本是相同的。我也问过搞技术的朋友，他说是我们源代码泄露了。"

"嗯，如果这样，盗用也算得上的。"

"金额呢？"

"他们合同金额 445 万元。"

"这是什么金额？"

"他们应该是拿了公司的软件直接去应用的，可能需要一些个性化的修改，应该是项目净利。"

虽然对话不多，但是"对路子"，阴郁的心情顿时开朗起来。

在执业的路上，会遇到很多或是不同或是相左的意见，而这些意见可能来自各种权威。他们的说法会对我们的想法、行为产生很大的影响。这时，我们需要专业自信，然后进行深入、认真、全面的专业研究，确定内心的想法与观点。如果我们连自己都说服不了，那么又如何说服得了别人呢？

（二）向工商管理部门举报

因为人手、时间不足等，我们并没有在向公安报案的路径上纠缠太多的时间，而是向工商局进行了举报。接待我们的是稽查支队的一名科长。

他看完材料说："你们的资料还算齐全的，但是还需要进行一项工作，对你们商业秘密的非公知性及同一性的鉴定。如果你们有商业秘密非公知性及同一性的鉴定报告，我们这边是可以正式立案的。"

"商业秘密的鉴定不是一般由执法机构鉴定的吗? 所以我们自己没有主动鉴定。"

"公安受理的案件可能是由公安委托鉴定的,但是我们这边一般是你们自己先进行鉴定。"

简单的对话也让我们看到了希望。

我们最初认为所谓商业秘密鉴定就是"查新",即审查市场上是否存在类似的计算机软件。现在回过头来看,商业秘密的鉴定(又称"商业秘密非公知性鉴定")其实是侵害商业秘密案中的关键点及难点。我们与商业秘密鉴定机构取得联系,并向他们提供了 XT 公司的软件及公证后的黑龙江项目软件。商业秘密鉴定机构看了软件后,认为两份软件的同一性是可以确定的,但是对于非公知性则需要公司进一步提供对软件的说明,明确具体"秘点"。鉴定机构同时告诉我们,存在下列情况是不构成"不为公众所知悉"的:

①该信息为其所属技术或者经济领域的人的一般常识或者行业惯例。

②该信息仅涉及产品的尺寸、结构、材料、部件的简单组合等内容,进入市场后相关公众通过观察产品即可直接获得。

③该信息已经在公开出版物或者其他媒体上公开披露。

④该信息已通过公开的报告会、展览等方式公开。

⑤该信息从其他公开渠道可以获得。

⑥该信息无须付出一定的代价而容易获得。

这是《最高人民法院关于审理不正当竞争民事案件应用法律若干问题的解释》第九条的规定。

但是,对于具体什么是商业秘密的"秘点",如何才能让鉴定机构确定该"秘点"是非公知的,XT 公司的技术人员仍然一头雾水。换言之,并非公司员工编写出来的计算机软件就一定属于公司的商业秘密。作为受法律保护的商业秘密,它应当具有不同于市场上其他计算机软件的特点,即 XT 公司软件的个性内容,也就是商业秘密鉴定机构所说的"秘点"。经过多次与 XT 公司技术人员及与鉴定机构的沟通交流,以及多次补充材料,我们最终获得鉴定机构的认可,出具了 XT 公司计算机软件非公知性的鉴定报告。

接下来的案件进展势如破竹。工商管理部门工作人员兵分两路,在杭州与武汉同步开展调查工作。在杭州的调查工作主要是对 CT 进行询问调查;在武汉则主要是对 SM 公司及其他相关人员进行调查。经过调查,XT 公司取回了由 CT 控制的阿里云服务器的管理权,并基本确定了我们依据前期资料、信息推定的事实。我们还知晓了黑龙江项目已经完成初步验收工作,SM 公司已经收到项目款 65 万元人民币。另外,我们还了解到,CT 以 XT 公司武汉分公司及其 SM 公司的实际控制人自居,相关项目、人员及款项均由其统筹安排。在 CT 的安排下,SM 公司还完成了 XT 公司其他重要客户的 2 个项目,并且还就部分 XT 公司软件申请登记了 SM 公司所有的著作权,并在为 SM 公司申请高新技术企业等事项。

经过调查,工商部门的工作人员认为,依据目前情况,案子可能移送公安。在讨论是否移送公安的过程中,CT 约我们商谈和解事宜。在与 XT 公司沟通后,我们准备了如下和谈方案:

第一,CT 无偿退还 XT 公司给他的激励股权。

第二,CT 返还 XT 公司计算机软件等知识产权。

第三,SM 公司注销。

第四,CT 实行行业禁入。

第五,CT 及 SM 公司的获利返还 XT 公司。

第六,CT 在能力范围内,将黑龙江项目还回公司。

在和谈方案的基础上,我们还准备了股权转让协议、《股东会决议》、《承诺书》等全部文本。真正的和谈并非一帆风顺,而是充满挑战的。CT 一直在强调其为 XT 公司做出的贡献,自己带领武汉团队资金、资源等方面的难处,也以此来解释其设立 SM 公司的初衷及目的。当我们问到他的和解方案时,CT 表示:

第一,在 XT 公司所有的激励股权无偿退出。

第二,XT 公司还欠他一些费用,预计二三十万元,这笔钱作为对公司的赔偿,XT 公司不须支付。

第三,SM 公司可以注销。

第四,对于登记在 SM 公司名下的计算机软件,他和一名合伙人(据 CT 称)通了电话后答复:"已进行版权登记的计算机软件,由双方共同持有。"

由此可见,CT 并没有认识到问题的严重性,还试图以"分家"的方式处理其与 XT 公司的关系。

为查明资金流向及商业秘密使用的具体情况,工商行政管理部门安排了黑龙江及北京方面的调查。这次调查让 CT 了解到事情的严重性,但他并没有"服软",而是聘请了律师,并对用于黑龙江项目的 XT 公司计算机软件的来源等进行了分析,同时告诉 XT 公司法定代表人"事情闹大了,可能对谁都不好"。这体现出律师需要和当事人一起面对对抗与压力。XT 公司法定代表人明确说:"我们没什么事的。"我们继续推进案件处理,在条件允许的情况下请求工商行政部门移送公安。在这个过程中,CT 一直想再约谈我们,我们清楚他并非善意,因而坚决不同意任何形式的和谈!当然,我们也是有顾虑的:如果 CT 将交付给黑龙江项目的计算机软件都撤换了,那么也就不存在"使用"的环节。但是,我们初步判断因为黑龙江项目涉及北京上市公司,而且是黑龙江省级单位经过公开招投标的平台项目,不能轻易撤换。事实证明,我们的判断是对的。黑龙江项目是无法轻易撤换的!不与 CT 和谈也是对的,CT 约和谈无非想要给我们施加压力,让我们自己撤回举报。在事情处理完毕后,CT 律师跟我们说,其实他们也进行了多方面的准备,比如对之前的计算机软件内容进行公证,并准备进行商业秘密鉴定等工作。最终 CT 经不住各方面压力,给 XT 公司法定代表人发送了他签署的和解协议。和解协议的内容涵盖了我们之前提出将相关知识产权归还、SM 公司注销、行业禁入等内容,并主动赔偿 XT 公司 100 万元人民币。CT 还提出XT 公司向工商行政管理部门撤回举报的要求。考虑到如果达成和解,CT 还负有返还公司知识产权及行业禁入等事项,官方的监督可以督促 CT 履行义务,而且相应的行政处罚也是官方对双方行为的一个定性,因而我们主张不撤回举报。实际上,CT 的这个要求也被工商行政管理部门否决了。他们表示,在现有基础上,行政处罚是必须进行的,但如果得到举报人的谅解,可以从轻处罚。

在此基础上,我们同意进行和谈。对于和解方式,我们要求 CT 对相应的保证以承诺书的形式体现,XT 公司则以谅解书的方式进行确定,而非双方签署和解协议。同时,我们明确表示在和谈时要有一定的赔偿款作为诚意金支付至公司账户。和谈时,大家都很珍惜这次机会,气氛就显得尤为融洽。就承诺书的内容,CT 提出:

首先,是否可以将"违反竞业限制及保密协议及规定,侵害了 XT 公司的商业秘密及商业机会"等内容删除或模糊化为"违反商业道德"等用语。

其次,其个人的竞业限制期限能否改为《劳动合同法》规定的 2 年。

我们的意见:

第一,可以对侵害商业秘密的内容进行修改,但该部分内容必须保留,否则后续的返还知识产权、竞业限制及赔偿将没有依据;"违反商业道德"的描述与实际并不相符,不考虑使用。

第二,竞业限制期限是 CT 违法行为必须付出的代价,不适用《劳动合同法》内容,公司也不可能支付经济补偿金。考虑到个人技能及生存等实际问题,具体期限可以依据行业技术发展情况由 XT 公司最终确定。

XT 公司法定代表人说:"我们也不是说让 CT 没饭吃,只是客户方面我们还需要做一些处理。那就 5 年吧,我想这点时间还是要给我们的。"

考虑到工商管理部门将对 CT 进行侵害商业秘密的行政处罚,关于承诺书中 CT 侵害 XT 公司商业秘密的描述,我们将"违反"等敏感用词修改为:"擅自设立 SM 公司,并占有了 XT 公司的知识产权及商业机会。"对于 100 万元的赔偿款,CT 并没有事先支付,他承诺于签署承诺书之后 10 日内支付 50 万元,于 2019 年 4 月 1 日前支付剩余 50 万元,否则承担 500 万元的赔偿款。在此基础上,我们提出谅解书只能在收到 50 万元的赔偿款后才能出具。CT 表示可以接受。CT 律师表示,他们想把承诺书和谅解书一起交到工商管理部门。对此,我们同意出具谅解书时将承诺书复印件作为附件,加盖公司骑缝章后一同给予 CT。

2019 年 1 月,CT 按期向 XT 公司支付了 50 万元首期赔偿款,本案的处理取得阶段性成功。

(三)民事诉讼备案

在向公安报案及向工商举报,特别是商业秘密鉴定遇到一定障碍的情况下,我们也做好了向法院提起诉讼的准备,并做了大量的案例研究。经过研究,我们对案件的诉讼案由、管辖法院、被告组成、诉讼请求等做了分析与安排。虽然我们清楚地意识到,如果通过民事诉讼的方式,因管辖法院处于外地、举证能力受到限制等原因,本案存在很大的风险。但是,考虑到事关上市公司及黑龙江省级事业单位,以诉讼的方式应对,最终应该能够实现和解。

(四)劳动关系处理

在本案准备材料阶段,首先面对的是武汉团队人员的薪资是否继续支付的问题。我们的原则是:①薪资暂停支付。付出去的工资基本要不回来了,如不支付的理由不成立,那就补发。②对于我们正在调查取证一事要严格保密。在这个过程中,公司财务会承受很大压力。第一个月工资没有支付,可以用资金紧张等理由予以搪塞;但案子调查取证需要时间,当第三个、第四个月工资不发放,尤其是在他们业务上存在进账的情况下,要找寻不发放工资的理由,特别难为公司财务。在公司不发放工资的情况下,估计是因为黑龙江项目款项还可以支持一段时间,CT倒也没有太纠缠。

在工商行政管理部门开展调查后没几天,武汉团队人员便炸开了锅(我们猜测是在CT的组织下进行的),要求公司补发工资,并且要集体向劳动部门去投诉。这时,我们与XT公司法定代表人沟通,强调要制订预案。虽然案件尚未明确涉案人员,但仍需将武汉团队人员进行分类——需继续使用人员和不继续使用人员,对于不同人员采用不同的策略处理,不能使事态发展为团队性事件。最终,因涉及违法事宜,团队人数也总体不多,算是实现了平稳处理。

接着就是与CT和谈后,对其劳动关系的处理。CT律师的意见是在和解协议里明确劳动关系终止时间,并明确在劳动关系终止时双方关于劳动事务无任何纠纷。因为不签署和解协议,他的方案并没有被采纳。最后,在CT支付了50万元首期赔偿款时,他要求处理劳动关系。由于六七个月未支付的工资预计20万元左右,我们提出由其提供辞职报告,并明确未支付工资期间因其未提供劳动服务,工资不予结算。当然,这份辞职报告在CT签署承诺书时一起签署是最为妥当的。不过要求他再签署额外的文件,不一定能够得到满足。最终,公司采用辞退的方式与其终止了劳动关系。

四、小结

在侵害商业秘密案件中,需要明确以下几个问题:①公司的商业秘密是什么?②对于商业秘密公司是否采取保密措施?③公司员工或者第三方侵害商业秘密的形式。④侵害商业秘密的后果,包括损失、侵害方既得利益等。对于第一个问题及第三个问题,通过公安及工商管理部门的途径处理时,一般须进行鉴定。

(一)公司的商业秘密是什么

1.商业秘密具体内容。

《反不正当竞争法》第九条规定:"本法所称的商业秘密,是指不为公众所知悉、具有商业价值并经权利人采取相应保密措施的技术信息和经营信息。"即,商业秘密包括技术信息和经营信息。一般而言,技术信息是指有关生产、服务的技术内容,主要包括计算机系统与软件、产品配方、制作工艺、制作方法、技术秘诀、设计、图纸(含草图)、程序、试验数据和记录、质量标准等。经营信息则与企业经营策略相关,主要包括客户名单、商业计划、财务数据、财务预报、市场调研、营销信息和目标、管理诀窍、货源情报、产销策略、招投标中的标底及标书内容等。

2.商业秘密的载体。

但了解商业秘密的概念及具体内容,并非就能清楚证明公司持有商业秘密,因为商业秘密还需要具体的载体。最高院《关于审理不正当竞争民事案件应用法律若干问题的解释》第十四条规定："……其中，商业秘密符合法定条件的证据，包括商业秘密的载体、具体内容、商业价值和对该项商业秘密所采取的具体保密措施等。"

北京市高级人民法院在乐华建科技（北京）有限公司（以下简称"乐华建公司"）与北京厚德思成科技有限公司（以下简称"厚德思成公司"）、卢丰庆侵害商业秘密纠纷案中，在北京知识产权法院的一审（2015 京知民初字第 909 号）中，判决书提到虽然"乐华建公司当庭明确在本案中主张的商业秘密为经营信息，具体为乐华建公司与中海洋石油总公司（简称中海油）及其下属公司之间的在中海油集团内所有国内海上油气开发设施上使用工程数据系统软件的业务需求信息和软件产品信息等相关的经营信息，信息的具体内容是中海油在国内海上油气项目上使用工程数据系统软件，软件的具体功能包括收发文管理、任务管理、文档管理、设计文件管理、图纸审批等模块"，但"乐华建公司并未就商业秘密的具体内容提交任何证据，无法确定其所主张的经营信息的具体内容"，最后认定，"乐华建公司对其在本案中主张的商业秘密的具体内容负有举证责任，在其未提交证据证明其所主张的经营信息的内容的情况下，其应承担败诉的不利后果"，并"驳回乐华建公司的全部诉讼请求"。在二审（2017 京民终 50 号）审理中，乐华建公司提供了《中海油及其子公司工程项目图档管理及项目协同系统软件需求》及相关合同、发票、收款凭证等证据。在此基础上，二审法院认定"乐华建公司所主张的业务需求信息以及相应解决方案构成商业秘密"。

3. 商业秘密的特性——非公知性。

依据《反不正当竞争法》第九条的规定，我们通常认为商业秘密应当具有的特性为：非公知性、经济性及秘密性。对商业秘密非公知性的认定，是侵害商业秘密案中的难点和关键点。一般商业秘密非公知性认定需由专门的鉴定机构进行，我们初始理解为"查新"。但事实上，非公知性的认定远非如此简单。鉴定机构鉴定商业秘密的非公知性的依据一般是最高院《关于审理不正当竞争民事案件应用法律若干问题的解释》第九条。具体为：有关信息不为其所属领域的相关人员普遍知悉和容易获得，应当认定为反不正当竞争法第十条第三款规定的"不为公众所知悉"。具有下列情形之一的,可以认定有关信息不构成不为公众所知悉:①该信息为其所属技术或者经济领域的人的一般常识或者行业惯例;②该信息仅涉及产品的尺寸、结构、材料、部件的简单组合等内容,进入市场后相关公众通过观察产品即可直接获得;③该信息已经在公开出版物或者其他媒体上公开披露;④该信息已通过公开的报告会、展览等方式公开;⑤该信息从其他公开渠道可以获得;⑥该信息无须付出一定的代价而容易获得。但该规定较为笼统,在实践中将其具体化存在很大难度。通常情况下,在鉴定过程中,鉴定机构需要商业秘密提供方明确需鉴定商业秘密的"秘点"。就计算机软件而言,并非公司程序员编写的软件内容都可成为公司的商业秘密,还需要明确公司程序员编写的软件存在与市场上其他计算机软件不同的"点",即"个性"的内容,此即所谓的"秘点"。如我们案件中的系统框架、质量管理系统、数据管控系统等都是商业秘密的"秘点"。如果能够完成商业秘密的"非公知性"认定,则侵害商业秘密的案件处理基本完成了一半以上的工作,且能看到成功的希望。

综上,作为一家具有竞争力并想要在市场上持续竞争的企业,首先应当厘清自己企业的商业秘密,确定都有哪些商业秘密,具体以什么形式存在。如技术性企业的商业秘密基本为公司的计算机软件,载体一般为服务器或电脑;生产性企业的典型商业秘密是产品配方,基本会存放在实验室、档案室等地方;而客户名单这种通行商业秘密,一般会存在于销售总监等人员的电脑中。

(二)公司对于商业秘密是否采取保密措施

对商业秘密采取了相应保密措施是侵害商业秘密案的重要内容。最高院《关于审理不正当竞争民事案件应用法律若干问题的解释》第十一条规定,人民法院应当根据所涉信息载体的特性、权利人保密的意愿、保密措施的可识别程度、他人通过正当方式获得的难易程度等因素,认定权利人是否采取了保密措施。具有下列情形之一,在正常情况下足以防止涉密信息泄漏的,应当认定权利人采取了保密措施:①限定涉密信息的知悉范围,只对必须知悉的相关人员告知其内容;②对于涉密信息载体采取加锁等防范措施;③在涉密信息的载体上标有保密标志;④对于涉密信息采用密码或者代码等;⑤签订保密协议;⑥对于涉密的机器、厂房、车间等场所限制来访者或者提出保密要求;⑦确保信息秘密的其他合理措施。

一般情况下,签署保密协议即视为采取了保密措施。因此,关键技术人员进入公司后,应当与其签署保密协议。就我的经验而言,我会将保密条款直接纳入劳动合同,以确保员工的保密义务。当然,保密措施并非只是形式,其具有保护企业商业秘密的真实效果。一张"生产重地、闲人免进"告示,一项"系统进入授权"程序等,都具有法律及实际意义。据此,企业应当依据不同的商业秘密的特点,采取不同的保密措施,以切实保护公司的商业秘密。

(三)公司员工或者第三方侵害商业秘密的形式

《反不正当竞争法》第九条规定了侵害商业秘密的具体行为。它规定:"经营者不得实施下列侵犯商业秘密的行为:1)以盗窃、贿赂、欺诈、胁迫或者其他不正当手段获取权利人的商业秘密;2)披露、使用或者允许他人使用以前项手段获取的权利人的商业秘密;3)违反约定或者违反权利人有关保守商业秘密的要求,披露、使用或者允许他人使用其所掌握的商业秘密。第三人明知或者应知商业秘密权利人的员工、前员工或者其他单位、个人实施前款所列违法行为,仍获取、披露、使用或者允许他人使用该商业秘密的,视为侵犯商业秘密。"

因商业秘密具有使用秘密性及保密性、取证困难性等特性,侵害商业秘密案往往存在取证困难等特点。在明确侵害方存在侵害公司商业秘密的行为之后,一般还需要对侵害方与被侵害方所使用的信息进行"同一性"鉴定。该鉴定相较于"非公知性"鉴定要简单很多,鉴定机构主要对两份商业秘密进行比对,以确定一方是否构成对另一方的侵权。

(四)损害金额的确定

在侵害商业秘密案中,被侵害人所受损失或者侵害人的获利等金额将直接影响案件的性质。作为《反不正当竞争法》的重要补充,《刑法》第二百一十九条对侵害商业秘密设定了罪名。《最高人民检察院、公安部关于公安机关管辖的刑事案件立案追诉标准的规定(二)》第七十三条规定了侵害商业秘密罪的起刑点,具体为:①给商业秘密权利人造成损失数额在五十万元以上的;②因侵犯商业秘密违法所得数额在五十万元以上的;③致使商业秘密权利人破产的;④其他给商业秘密权利人造成重大损失的情形。在CT侵害XT公司商业秘密案件中,我们认为,黑龙江项目的445万元合同金额即是CT等人的净收益,已经远远超过法定的50万元起刑点。虽然在调查过程中,确定SM公司仅收到款项65万元,且其中可能还包括部分其自身人员开发的软件内容。但是在一开始,获利金额的判断得到了经侦人员的认可。而且445万元与65万元的差距可视作既遂和未遂的区别。

对于通过民事诉讼进行维权的,也可按最高院《关于审理不正当竞争民事案件应用法律若干问题的解释》第十七条的规定确定损害赔偿额,即确定《反不正当竞争法》第十条规定的侵犯商业秘密行为的损害赔偿额,可以参照确定侵犯专利权的损害赔偿额的方法进行;确定《反不正当竞争法》第五条、第九条、第十四条规定的不正当竞争行为的损害赔偿额,可以参照确定侵犯注册商标专用权的损害赔偿额的方法进行。因侵权行为导致商业秘密已为公众所知悉的,应当根据该项商业秘密的商业价值确定损害赔偿额。商业秘密的商业价值,根据其研究开发成本、实施该项商业秘密的收益、可得利益、可保持竞争优势的时间等因素确定。

综上所述,商业秘密问题并非单纯的劳动人员的管理问题,更涉及企业核心竞争力及安全问题。商业秘密的保护应当重在事前保护。因此,企业应当及时梳理自身的商业秘密并采取有效的保密措施予以保护。如确出现商业秘密泄露等问题,应当积极应对,尽量使损失降到最低。

中外合作石油开发项目融资担保架构法律分析

——以外方银行贷款为例

石油开发项目是一项高投入、高风险、高技术要求的项目,为了引进外国资金、先进的技术及管理等,在不违背国家资源主权的前提下,一国往往允许外国企业参与本国的石油开采,并允许外国企业对项目所得享有一定的收益。银行贷款是外国企业进行项目融资的重要方式,而担保结构是银行融资要解决的重要问题。

一、中外合作石油开发项目情况介绍

(一)中外合作石油开发项目相关流程

一般来说,石油开采项目主要分为三个阶段:石油勘探阶段、石油开发阶段及石油生产阶段。依法享有石油开发项目的国有公司通过招投标选定外国企业,双方签订石油合同后经国家审批,项目便进入了石油勘探阶段。在中国,如果石油合同没有特别的约定,石油勘探期的费用一般由外国企业承担。

经勘探发现石油,确定该油田具有商业性价值,合作开发者须编写油田总体开发方案(ODP)。ODP 经国家审批后,项目进入开发阶段。石油项目开发阶段是石油生产的基础,主要事务包括建设生产平台、铺设管道、建造终端、建造产品加工厂等。开发阶段资金主要来源于中外合作方按约定比例的投入。因为经过前期勘探及严密的论证,处于开发阶段的项目对金融机构具有很大的吸引力。很多金融机构愿意对项目发放贷款。

经开发阶段的筹备与建设,项目具备出油或出气的条件,项目便可进入生产阶段。中外合作方按照一定的流程分配生产所得的石油,经销售后回收前期投入并获取利润。贷款银行也从中收回贷款,获取利息。

(二)中外合作石油开发项目特点

基于国家对石油资源的主权及石油开发项目融资量大等特性,与一般工程项目相比,中外合作石油开发项目具有如下特点:

1. 外国企业以契约方式直接合作,不设立项目公司。

出于税务、法律风险等方面的考虑,一般的工程项目中,合作者往往会设立项目公司,由项目公司承担项目的建设。但中外合作石油开发项目却不同,一般而言合作者不成立项目公司,而是通过签订合作合同,成立联合管理委员会对项目进行决策。另外,由合作者约定的作业者公司对项目进行实际操作与管理。作业者公司对联合管理委员会负责。

2. 外国企业的项目权益通过石油合同约定,项目资产由作业者公司占有及管理。

一般工程项目中,项目的资产与权益放置于项目公司之下,合作者以股权的形式实现项目管理与权益分配。与此不同,中外合作石油开发项目中,合作者所享有的权益均通过石油合同进行约定。作业者作为项目实际操作与管理人员,负责项目的保险、采购、资产管理等实际事务,在形式上控制项目资产。国有公司作为石油项目开发的经营管理者,享有探矿、采矿等实际权益。由此,在中外合作石油开发项目中,往往会出现资产的实际拥有人与形式拥有人相分离的情况。

3. 外国企业一般以设立的特殊目的公司作为融资主体。

出于有效避税、项目融资的需要,中外合作石油开发项目的外国企业往往是实际投资人在开曼或英属维尔京群岛等免税地设立的特殊目的公司(SPV)。作为特殊目的公司,这些外国企业为有限责任公司,除却石油开发项目所需的资金流,没有其他业务、资产和资金流。

二、中外合作石油开发项目融资的特点

项目融资是投资者对一个大型工程项目进行贷款或者投资,该工程项目建成后,再用项目生产的产品销售收入来偿还融资者的投资或者贷款,或用项目经营收入来偿还项目的投资。① 项目融资起始于英国北海石油开采。二十世纪六十年代末七十年代初,很多银行通过项目融资把赌注押在高风险的石油开采项目上,银行回收贷款的方式就是产品支付。英国首先运用有限追索项目融资方式进行北海油田项目的开发,成功向 66 家美国和英国银行贷款融资 9.45 亿美元。中外合作石油开发项目融资是项目融资的一种,具有普通项目融资的一般特点。

(一)一般项目融资的特点

1.贷款人对借款人无追索权或行使有限追索权。

项目融资主要适用于在运营期间有较稳定收益的大规模投资项目,它不是以项目业主的信用或者项目有形资产的价值作为担保来获得贷款,而是依赖项目本身良好的经营状况及项目建成投入使用后的现金流量作为偿还债务的资金来源。此外,项目融资通常是仅以项目的资产,而不是项目业主的其他资产作为借入资金的抵押。

所谓贷款人对借款人无追索权或行使有限追索权,是指贷款人仅在项目本身的收入范围内,或者在项目形成的产品收入范围内行使还款请求权,而没有对借款人追索或有限追索的权利。

2.一般以项目公司作为借款人。

项目公司作为项目的直接操作者,直接控制着项目建设及收益的资金流动。银行作为贷款人,将资金贷入项目公司,一方面便于实现对资金的控制,另一方面也容易实现对项目的监控。

---

① 引自余劲松、吴志攀主编:《国际经济法》,北京大学出版社、高等教育出版社 2000 年版,第 295 页。

3. 以项目全部资产对贷款进行担保。

在项目融资中，贷款人自愿承担项目失败的风险，但为了制约项目借款人的管理及经营，贷款人一般会以借款人对项目所享有的所有权益对项目贷款进行担保。

(二)中外合作石油开发项目融资的特点

除了一般项目融资的特点，中外合作石油开发项目融资又具有自身的特点：

1. 外国合作者直接作为借款人。

在中外合作石油开发项目中，没有项目公司的存在，合作方依据石油合同约定，分别向项目投入资金。作业者公司只是依据合作方约定承担项目操作与管理；就项目本身而言，作业者并不享有任何权益。因而，在中外合作石油开发项目中，一般将外国合作者直接作为银行贷款的主体。

2. 借款人一般为 SPV 公司，实际控制人一般不对项目贷款进行保证。

如前所述，外国投资者基于税收、融资的需要，基本会设立 SPV 公司。因 SPV 仅为项目的进行而设立，它没有其他的业务经营和资金流动，因此可实现项目融资无追索权的特性。换言之，作为项目的实际控制人，他仅以项目的所有资产对银行贷款进行担保，而不对贷款提供保证。

3. 外国合作者主要以石油合同权益对借款进行担保。

在中外合作石油开发项目中，中外双方一般会在石油合同中约定，在外国企业收回投资前，因投资形成的项目资产由投资者共有；收回投资后，项目资产归属国有公司。在石油项目实际开发中，投资形成的资产主要有钻井平台、产品加工厂、管道及相关的土地使用权、海域使用权等。实际操作与管理基本由作业者公司进行，若按照动产交付所有权转移及不动产登记所有权转移的法律制度，相关资产应当归于作业者公司。另外，资源探矿、开发的权益，依法由国有公司享有。在我国现有的法律体系下，由外国合作者在项目中享有的资产实物对其贷款进行担保,在法律上有一定的障碍。

三、中外合作石油开发项目外国企业权益分析

中外合作石油开发项目向银行贷款的过程中,银行对借款人一般行使无追索权或有限追索权,但会要求借款人以项目所有权益或资产对贷款进行担保。

(一)石油合同约定的权益

石油合同是确定中外合作者权利义务的依据,外国企业依据石油合同享有的权益主要有:

1. 决策权。

一般情况下,外国企业依据石油合同享有的决策权包括:①对石油开发项目的投资权,包括勘探期勘探费用的投资及开发生产期的投资;②油田的暂停及单方恢复生产权;③油田开发的放弃权;④其他相关权利。

2. 管理权。

中外合作开发项目中,由中外双方组成的联合管理委员会对项目行使决策权。由此,依据石油合同,第一,外国企业有权指定联合管理委员会组成人员,通过联合管理委员会对相关石油作业事宜进行审查、批准或决定;第二,有权约定作业者;第三,其他相关权利。

3. 资产权益。

石油合同一般约定,外国企业为执行该石油合同而使用的技术及管理经验属于外国企业专有。依据工作计划所购置或建造的资产在生产费用回收完毕或生产期届满前,由外国企业与国有公司共有。但如建筑物、土地使用权、海域使用权等资产并非由外国企业实际持有。

4. 产品收益权。

一般中外合作者会在石油合同中约定,在合同区内发现的任何油田,中外合作者对生产的油气享有分配权。外国企业可以将石油合同产

品的权益用于融资担保,但须征得国有公司的同意。

5.合同转让权。

一般中外合作者会在石油合同中约定,在征得国有公司同意的情况下,外国企业可以将石油合同项下的所有权利和(或)义务转让给其关联公司。外国企业也可以把石油合同项下的所有权利和(或)义务转让给任何第三方,但须征得国有公司的同意。国有公司在同等条件下享有优先受让权,转让后应由国有公司报商务部备案。

(二)石油合同衍生的权益

1.探矿权、采矿权。

探矿权、采矿权作为国家资源开发的权利,依据《中华人民共和国矿产资源法》等法律法规及相关实践,由国有公司享有。

2.保险权益。

一般情况下,由作业者制订保险计划,并代表合同各方签订保险契约。合同任一方都可自行获得超过按各方参股比例由联合管理委员会批准的各方保险费用限额的保险额度。超过联合管理委员会批准的各方保险费用限额以外的保险费用由各方负责,不能进入项目费用。

四、银行贷款担保架构设计

依据中外合作开发项目及项目融资的特殊性,以及外方在项目中所享有的权益情况。在中国现有法律体系内,银行贷款担保主要可以进行如下操作。

(一)石油合同权益转让

对于担保,我国主要在《中华人民共和国物权法》(以下简称《物权法》)、《中华人民共和国担保法》(以下简称《担保法》)及相关司法解释中进行了规定。担保的主要类型包括个人的保证、抵押、质押、留置、定金等方式。对于合同权益能否作为债务的担保,除应收账款等特殊种类外,目前尚无明确的法律规定。

但是,并不是说债权就不能对债务进行担保,即便这样的担保是需附条件的。依据《合同法》的规定,债权人可以将合同的权利全部或者部分转让给第三人,债权人转让权利的,应当通知债务人。未经通知,该转让对债务人不发生效力。债务人将合同的义务全部或者部分转移给第三人的,应当经债权人同意。当事人一方经对方同意,可以将自己在合同中的权利和义务一并转让给第三人。换言之,第三人可以与债权人进行约定,取得合同权利,该约定送达债务人后生效。

基于外国企业的石油合同权益依约定可以转让,银行作为石油合同之外的第三人,可依据合同权益转让的形式取得外国企业在石油合同项下的权益。依据《合同法》的规定及石油合同的约定,该转让要征得国有公司的同意。另外,石油合同作为国家资源开发合同,进行相关变更均需国家备案。

有鉴于此,银行可考虑与外国企业及国有公司共同签订石油合同权益转让合同,约定若外国企业对贷款合同构成违约,则银行或其指定的第三人有权取得外国企业在石油合同项下的权益,国有公司对此约定表示同意,并对该石油合同权益转让合同进行国家备案。

签订石油合同权益转让合同后,若外国企业在项目进行过程中停止对项目的建设或者没有很好地履行还款义务,银行可以替代外国企业在石油合同中的地位,取得相关投资权及决策权,继续项目建设。但是,国有公司是否会同意石油合同权益的转让可能存在问题;石油转让合同国家备案将是一项制度创新。

(二)项目产品销售收入质押

在取得石油合同项下的权益为银行贷款进行担保的基础上,银行还可在中国现有法律体系内尽可能地取得担保,其中最为重要的就是取得项目产品销售收入的质押权,即应收账款的质押。

项目产品销售收入是项目的主要收益,也是银行贷款的主要还款来源。银行对项目产品销售收入的控制是贷款安全的重要保障。《物权法》为应收账款质押提供了依据,并建立了一套应收账款质押的登记制度。银行可依据应收账款质押登记制度对外国企业项目产品销售收入取得质押权。

在应收账款质押的同时，银行可对借款人的相关账户进行监管，以保障资金安全。

(三)项目资产抵押

依据不同的资产类型，我国对资产抵押登记设有不同的制度，包括登记生效制度和登记对抗制度。登记生效制度主要适用于不动产及土地使用权等；登记对抗制度主要适用于动产。石油项目中的资产涉及动产与不动产，主要包括钻井平台、管道、产品加工厂及有关的土地使用权等。

石油合同约定，在收回成本之前，外国企业投资形成的资产与国有公司共有；收回成本后，资产的所有权由国有公司享有。如果合同仅约定共有，而没有约定按份共有还是共同共有，视为按份共有。资产按份共有人要对资产进行处分，必须征得占份额三分之二以上按份共有人的同意。因而外国企业要将石油合同项下的资产进行抵押，须征得国有公司的同意。

对于项目涉及的建筑物、土地使用权等不动产抵押，依据中国现有法律体系，只有在抵押登记后才能生效。事实上，该土地使用权的物权登记并不在外国企业的名下，直接由外国企业进行抵押在法律上无法进行。这样的抵押需资产实际持有人的配合才可完成。

对于钻井平台、管道及其相关设备的抵押，可以依据《物权法》，建立浮动抵押。浮动抵押须到抵押人所在地县级工商行政管理局进行备案登记。浮动抵押经备案登记后产生对抗效力。

(四)保险权益转让

项目保险对于项目建设是至关重要的，也是银行关注的重点。实践中，银行会对保险金的收取及使用进行限制。一般情况下，银行可提出如下取得保险权益的方式：①直接设置银行为第一受益人；②银行受让保险权益；③借款人做出保证，所得保险金用于项目建设或者由银行确定使用方式。其中,银行保险权益转让可以依据《合同法》的相关规定进行操作。

(五)账户监管

账户监管,是指银行可以监管账户内的资金流动,经户主事先同意,在一定条件下,银行可以直接对账户资金进行操作。账户监管是确保贷款安全的有效方式。在项目融资中,银行一般会对资本账户、项目产品销售收入账户、还款账户等账户进行监管,并要求借款人设立偿债准备金账户,对每期还款进行担保。

(六)不对外担保保证

不对外担保保证,又称消极担保保证,是指借款人向银行保证,其所拥有的项目资产不会对任何第三人进行担保。不对外担保保证无法完全杜绝外国企业将石油合同项下的资产为其他债务提供担保,但外国企业若违反约定对外进行担保,则可以追究其违约责任。

(七)资本金到位及完工担保

石油项目中,投资人资本金到位及完工担保对项目进行起到比较关键的作用。银行一般会要求外方实际控制人对项目资本金到位及完工提供担保。

(八)其他担保

如果银行提出其他担保要求,外国企业又可以满足,双方便可达成共识,实现贷款担保。

五、小结

石油开发项目的合作模式通过石油合同确定,不成立项目公司,由外聘的作业者公司进行操作;外国企业对项目享有的权益主要依据石油合同。石油开发项目融资作为项目融资的一种,在外国企业向银行贷款时的担保架构设置上,遵循《物权法》《担保法》《合同法》等现有中国法律体系规定,确定石油合同权益转让、应收账款质押、资产质押、保险权益转让、账户监管、不对外担保保证、资本金到位及完工担保等担保方式。

纵向价格垄断协议的法律分析及其应对

在市场经济条件下,为保障市场主体自由竞争,发挥市场在资源配置中的有效作用,并保障消费者权益,垄断行为往往是被限制或禁止的。《中华人民共和国反垄断法》(以下简称《反垄断法》)自2008年施行以来,被越来越多地运用于市场之中。2013年2月,因为涉嫌价格垄断行为,茅台、五粮液分别受到贵州省物价局和四川发改委反垄断调查,并受到罚款合计4.49亿元人民币的行政处罚。2013年8月,奶粉行业受到国家发改委反垄断调查,美赞臣、合生元、恒天然、多美滋、雅培等6家奶粉企业被认定为实行价格垄断,合计受到罚款6.7亿元人民币的行政处罚。2014年2月19日,国家发改委召开了价格监管与反垄断工作新闻发布会,表明将继续积极查办有重大影响的价格垄断案件。

一、纵向价格垄断协议的表现形式

依据《反垄断法》,垄断行为主要包括垄断协议、滥用市场支配地位及经营者集中。目前,反垄断的主管部门包括发改委(或物价部门)、商务部门及工商部门(即现在的市场监督管理部门)三大部门。其中,发改委(或物价部门)主要负责与价格相关的反垄断事务,如价格垄断协议等;商务部门主要负责与经营者集中相关的反垄断事务;工商部门则负责价格垄断行为及经营者集中以外的垄断协议、滥用市场支配地位的反垄断事务。

按照通常理解,纵向价格垄断协议主要是指《反垄断法》第十四条规定的价格垄断协议,即纵向的经营者与交易相对人达成的,固定交易相对人向第三人转售商品的价格或限定交易相对人向第三人转售商品最低价格的垄断协议。它与存在竞争关系的横向经营者之间达成的横向价格垄断协议相对。

为管控销售渠道,商品供应商往往通过双方签订的经销协议及相关业务协议,限制经销商的销售区域,以及对销售价格以固定销售价或最低销售价的方式进行控制,以此维护产品的价格体系。一般情况下,商品供应商与经销商的经销协议会约定以下内容:①经销商产品销售区域及销售价格限制;②经销商对其分销商的销售区域及销售价格的管控要求;③经销商违反该约定的违约责任,如销售返利扣没、取消销售奖金、违约金(保证金)罚除、停止供货等。如经销商违反价格转售的约定,供应商便可依据约定追究其违约责任。

即便供应商没有在经销协议及相关业务文书中约定经销商向第三方转售产品的价格内容或仅约定向第三方转售产品的建议价,它也可能通过"窜货处罚制度"等规则控制经销商的产品转售价格。"窜货"并非一个正式法律概念,主要是指经销商将货物销售至非授权销售区域的行为。因销售区域间存在产品价格、销货能力、销售成本等方面的差距及供应商销售返利政策等原因,经销商在利益的驱使下,会将产品销往能带来更多利润的其他地区(如销售价格高的区域或销路好的区域),而不论该地区是否得到授权。因"窜货"会冲击到当地经销商的产品销售,供应商收到"窜货"举报并经查实后,一般会要求"窜货"经销商以窜货价的一定倍数予以回购,并可能同时扣除经销商一定保证金或处以一定罚款,甚至停止对经销商的供货等。

同时,供应商也会通过内部人员的管理责任来加强对经销商产品转售价格的管控。虽然合同具有相对性,但无论通过经销协议,还是通过制度等方法对经销商的转售价格进行控制,均可能因涉及纵向价格垄断协议而构成违法。

二、纵向价格垄断协议的认定

垄断协议并不以市场支配地位为前提条件。但是,是否只要存在纵向价格协议,便构成垄断行为,而不论其是否真正排除或限制市场竞争呢?

相对于横向竞争者之间的价格协议,纵向经营者与其交易相对人之间的价格协议对市场自由竞争的排除、限制效果并非绝对的。从实际市场效果而言,经营者对交易相对人转售价格进行限制,在一定程度上限制了市场竞争,但该限制并不总是无益的。如果相关经销商作为产品销售商可以在市场上自由销售,自主决定销售区域和销售价格等内容,由市场确定价格,消费者为此可能可以获取一定利益。但另一方面,在这种充分竞争的市场条件下,供应商或者经销商便可能不会对市场培育、品牌宣传、促销、售后服务等方面进行更大的投入,在一定程度上反而会损害消费者的权益。而通过供应商对经销商的有序管理,进而减少市场管理费用,降低产品成本,正是解决经销商充分竞争给消费者带去损害的途径之一。

各国对纵向价格协议的违法性认定也各不相同。如美国曾依据"本身违法性"原则进行认定,只要确定经营者存在转售价格限制的约定,便构成违法;随着法制观念的变化,后来美国确立了"合理性"审查原则,即只有该转售价格限制存在限制、排除市场竞争的情形,才确定为违法。另如欧盟也未对纵向价格协议进行绝对化否定,而是在一般性禁止外有条件地予以豁免。但在日本还以"本身违法性"为原则进行认定,即只要证明存在限制转售价格的行为或约定,便认定为违法。

依据我国《反垄断法》第十三条、第十四条规定,我理解纵向价格协议构成垄断违法行为需要同时满足两个条件:①存在限制转售价格的行为,包括固定转售价格和限定转售最低价等;②该种价格限制排除、限制了市场竞争。2012年的北京锐邦涌和科贸有限公司(以下简称"锐邦公司")诉强生(上海)医疗器材有限公司、强生(中国)医疗器材有限公司

(以下统称"强生公司")纵向垄断协议纠纷案,被称为是中国反垄断领域的第一案,成为司法实践的标杆性案例。在该案中,终审法院上海市高院对纵向价格协议是否构成垄断违法行为进行了论述,并认为纵向价格协议是否构成垄断违法行为应依据"合理性"原则对转售方价格限制协议是否具有排除、限制竞争效果做进一步考察。鉴于该案相关市场是中国大陆地区的医用缝线产品市场,该市场竞争不充分,强生公司在此市场具有很强的市场势力。本案所涉限制最低转售价格协议在本案相关市场产生了排除、限制竞争的效果,同时并不存在明显、足够的促进竞争效果,最终认定强生公司构成垄断协议,并据此判决强生公司赔偿锐邦公司经济损失人民币 53 万元。

但就目前发改委(物价部门)反垄断调查及处罚的案例来看,发改委(物价部门)基本以《反垄断法》第十四条作为处罚依据,而对于纵向价格协议是否需要以排除、限制市场竞争为条件并未进行具体论述。另外,主要被调查的企业多数属于与国计民生相关的,或在全国范围内有一定影响的行业,如电信、白酒、奶粉等。

三、纵向价格垄断协议的法律责任

如果企业的纵向价格协议被认定为垄断协议,它可能面临承担行政责任、民事责任等法律后果。

(一)刑事责任

现有法律体系并没有直接规定实施垄断的刑事责任。它只是规定了涉嫌垄断企业在接受审查和调查过程中,应当配合国家工作人员的工作,提供相关材料、信息,否则,可能由此承担刑事责任。

(二)行政责任

行政责任是目前反垄断法律责任中最为重要的责任。垄断违法性审查多数启动于行政举报。发改委(或物价部门)综合被举报企业的所处行业、社会影响、初步收集证据材料等情况,确定是否发起反垄断调查。对需要进行反垄断调查的企业,发改委(或物价部门)会依法要求被调查企业提供相关单证、协议、会计账簿、业务函电、电子数据等文件、资料,或是约谈相关人员等。如确定存在垄断违法行为,按照《反垄断法》第四十六条,被调查企业可能面临上一年度销售额 1% 以上 10% 以下的行政罚款。现有案例中,对五粮液的处罚便是依据上一年度销售额的 1% 确定的,约为人民币 2.02 亿元;对美赞臣的处罚依据上一年度销售额的 4% 确定,约 2 亿元人民币;对合生元的处罚依据上一年度销售额的 6% 确定,约为人民币 1.6 亿元。由此可见,如果构成垄断违法行为,相关行政处罚的数额还是比较大的。

但是,如果企业能主动向反垄断执法机构报告达成垄断协议的有关情况并提供重要证据,反垄断执法机构可以酌情减轻或者免除对该经营者的处罚。如贝因美虽被认定构成了实施价格垄断行为,但因公司主动向发改委报告达成垄断协议的有关情况并提供重要证据,国家发改委免除了对其的行政处罚。

(三)民事责任

1.消费者损害赔偿责任。

纵向价格垄断协议与其他垄断行为一样,通过限制、排除市场竞争,最终损害消费者权益。依据《反垄断法》第五十条及最高人民法院《关于审理因垄断行为引发的民事纠纷案件应用法律若干问题的规定》,消费者在经营者被行政部门认定为纵向价格垄断协议后可向法院提起诉讼,也可直接向法院提起诉讼,要求纵向价格垄断协议实施者承担民事责任,赔偿相关损失。《民事案件案由规定》也明确规定了"纵向垄断协议"的民事案件案由。

但因为诉讼主体资格相关性、举证责任分配、损害赔偿金额论证、诉讼成本等诉讼制度的缺失或限制,即便国家行政机关认定了相关经营者存在纵向垄断协议行为,消费者由此对其提起的诉讼案件也寥寥无几。

2.经销商赔偿责任。

相对于消费者而言,经销商因受到"窜货"处罚、扣除保证金、停止供货等经济损失,其向纵向价格垄断协议实施者的索赔相对比较积极。经销商一般会在企业被行政部门认定为垄断行为后,直接向企业要求退还因违反价格转售限制而被扣罚的款项。在现实中,经销商直接向实施纵向价格垄断协议的企业提起民事诉讼的,也非常少。

锐邦公司诉强生公司纵向垄断协议纠纷案中,锐邦公司要求强生公司赔偿其合同期内停止供货的利润损失、未来可预见利润、高价购货的价差损失、库存损失、履约保证金、员工遣散费、推广费用、商誉损失约人民币 1439 万元。最终,法院在认定强生公司存在垄断行为的前提下,仅参考强生公司产品价格与其他品牌产品的价格差异、经销商进货折扣、税负、强生公司与经销商之间利润分配等情况酌定锐邦公司在合同期内的利润损失约为 53 万元人民币,驳回锐邦关于未来可预见利润、库存损失、员工遣散费、推广费用、商誉损失等其他诉讼请求。

另外,依据《关于审理因垄断行为引发的民事纠纷案件应用法律若干问题的规定》,原告起诉时被诉垄断行为已经持续超过二年,被告提出诉讼时效抗辩的,损害赔偿应当自原告向人民法院起诉之日起向前推算二年计算。该规定直接减小了相关人员提起民事诉讼的动力。

3. 劳动者赔偿责任。

劳动者的赔偿要求,往往来自因未能有效管理经销商转售价格的行为而被辞退的内部员工。赔偿内容往往涉及扣发的奖金及违法解除劳动合同的赔偿金。

在仲裁或诉讼中,扣发奖金及辞退员工的举证责任在于企业。企业往往会拿出公司规章——"窜货管理办法"或类似文件,以证明其行为的合法性;或者企业也可能因害怕被处垄断而以其他理由进行举证。因为涉及"窜货管理办法"及相关规章制度的合法性问题及其他证据链的问题,一般而言,企业很难证明其扣发奖金及辞退等行为是合法的,所以通常须按照相关事实情况赔偿相关款项。

值得注意的是,劳动仲裁的时效为一年。

四、纵向价格垄断协议的应对

据了解,生产型企业对经销商进行区域划分并对其产品转售进行固定价格或最低价的限制,是一种营销的通行做法。为减少法律风险,降低违法成本,我建议:

(一)对经销商进行区域化管理,而非价格限制性管理

《反垄断法》明确规定了纵向价格垄断协议的违法性,但对于区域性管理是否违法,却没有明确规定。且《关于禁止垄断协议行为的有关规定》(征求意见稿)第六条曾规定:"禁止经营者与交易相对人达成下列垄断协议:经营者无正当理由与交易相对人达成协议,约定交易相对人只能在特定的区域市场内从事经营活动。"但在该规定正式颁布时,该内容却没有出现。由此,依据"法无禁止皆可行"的原则,供应商对经销商进行区域性管理在现行法律体系下具有一定可行性。

因区域性价格差异而引起的"窜货",是采用纵向价格垄断协议的直接原因。如能通过区域化管理,而非价格限制性管理实现产品的有序销售,则可在一定程度上减少法律风险。

(二)积极配合纵向价格垄断协议的审查

如确实实施了相关纵向价格垄断协议,并因举报等启动了国家发展与改革委员会或相关物价部门的调查程序。我建议,有关企业应积极配合相关部门的审查和调查。

如前所述,国家发展与改革委员会或相关物价部门会展开反垄断调查的行业基本是关系国计民生或在国内有一定影响力的行业。上述反垄断调查部门掌握垄断认定的具体化标准,主要目标是维护市场竞争和市场价格。依据目前情况,有关企业若能积极配合审查和调查,主动向相关部门报告达成垄断协议的有关情况并提供重要证据,同时积极改正所存在的垄断行为,比如取消固定价格或最低价格的限制,退还经销商

罚没保证金等，基本可以获取减轻或者免除处罚的结果。

（三）被认定纵向价格垄断协议后续事务处理

如被国家发展与改革委员会或相关物价部门认定为纵向价格垄断协议，可能立即会有相关经销商要求返还因"窜货"而被扣罚的保证金、罚款等；因"窜货"而被辞退的员工亦可能引发劳动纠纷；关于消费者可能提出的索赔要求，目前我尚未查悉。对于经销商退还相关款项的要求，企业可依据具体情况制定退还政策。依据现有 2 年时效的法律规定及司法解释，在制定相关政策时，应注意所退还款项的扣罚时间。依据笔者经验，因经销商大部分为个体工商户，考虑到诉讼成本、胜诉概率等各方面原因，经销商很少通过诉讼的方式维权。对于员工与企业的劳动纠纷，考虑到企业的社会责任、举证难度等因素，我建议通过调解或和解的方式予以处理。

债务危机企业的事务处理及法律应对

在这个瞬息万变的时代,企业常常面临危机:政府的一项决策,可能牵动着无数企业家的心;银行的一笔贷款,可能决定着一家企业的生死。而数种危机中,最常见的就是债务方面的危机。很有幸,我在十余年的执业历程中,帮助过几家债务危机企业处理他们的法律事务。

一、债务危机企业的成因

债务危机企业的成因多种多样。可能是国家政策变化导致市场减退,如房地产行业的管控直接影响了房地产企业及其上下游、关联领域企业的生产及经营;可能是受互保企业债务的影响,如 2008 年及 2011 年期间,大范围的互保企业的连锁型债务危机导致原本正常经营的企业也发生了债务危机;可能是企业实际控制人因赌博等恶习抽走了企业的资金,导致企业无法正常运营;也可能是市场变化,企业没能应对各种变化,导致"产不销"的"滞胀";也可能是盲目扩张,管理、资金等跟不上扩张节奏,导致企业陷于业务、资金等危机,这样的危机可能是业务危机,也可能是现金流危机,或资不抵债的危机。如果债务危机不能有效处理,则可能导致企业关门、破产等后果。

2018 年,作为一家被 * ST 第二年的上市公司的控股公司,我的顾问单位 A 公司处境极为艰难。一方面,中国股市在美国总统特朗普的搅动下"一片绿油油",A公司控股的上市公司的股价从原来的七八元,跌至最低的不到四元,导致想用股票进行再融资的可能性微乎其微,而且原来运用股票进行的融资也有资金缺口需要补充。另一方面,公司在发展顺利时进行了很多投资,如对B公司的股权投资(B公司后来顺利上市,A公司购买的股权作为原始股有3年的禁售期)、购地办工厂等,这些资产在变现方面存在很大障碍。最后,A公司控股上市公司被*ST后,很多金融机构对其的债务评级骤降,贷款额度减少,甚至出现"抽贷"等情况。综合以上因素,A公司陷入极大债务危机。

二、债务危机企业的事务处理

企业发生债务危机时,除了搞好主营业务,须抓紧主动处理的事项是"瘦身",即节流。一要通过处置闲置资产及非主营资产来获得流动资金;二要缩减在编人员,减少人力开支,精简队伍;三要加快应收款的催收,以充实企业流动资金。企业发生危机时,需要被动处理的事务包括银行贷款等借款的到期处理,供应商等各种应付款的安排,以及可能出现的各种诉讼的应对等。在企业"身体健康"的时候,这些事务都不构成难办的问题;在企业"身体出现大病"的时候,这些事务便成为棘手的问题,如同与大病关联的并发症。

(一)资产处理

企业发生债务危机时,应当盘点自身的资产,将闲置资产或非主营业务资产出售或偿债。可以用来处理的资产有:闲置的土地、房屋,股票,业务板块,等等。从法律意义上的形式视角看,出售的可以是房屋、股票等实物,也可以是土地、业务板块等所在的标的公司。

1. R公司固定资产出售。

R公司原系主营餐具的企业。在经营尚可时,R公司买了一块地,准备开发建设公寓后出售(由R公司全资子公司R1公司作为项目公司进行建设)。公司前期投入约2亿元人民币,其中注册资本6000万元人民币,项目土地使用权及在建工程抵押贷款1亿元人民币,股东出借资金约4000万元人民币。工程建设过半时公司主营业务急剧下滑,公司出现了债务危机。此时,项目整体估值约为4亿元人民币。为应对债务,R公司拟整体出售该项目。S公司原系房地产开发公司,因S公司的实际控制人与R公司实际控制人相熟,R公司拟向S公司出售该项目。因为R1公司的整体账目及资产均较为清爽。S公司按承债式的方式以3亿元人民币(股东借款4000万元人民币做清偿)向R公司受让了R1公司的100%股权。通过项目出售,R公司获得了3亿元人民币的流动资金,很大程度上缓解了债务危机。

2.F公司限制流通股收益权融资。

F公司持有一家上市公司的限制流通股5000万股,每股的市场交易价约为8—10元人民币,即市场价值约为四五亿元人民币。因经营不善,F公司资金流转出现问题。为此,F公司通过出售该5000万股的收益权获得融资约3亿元人民币。该出售融资的基本操作是,F公司与投资方C公司通过信托方式签署收益权转让协议,将该5000万股的股票收益权通过信托公司转让给C公司。到期后,由F公司对转让的股票收益权进行回购,并以标的股票对F公司的回购进行质押登记。这相当于以限制流通股进行融资,股票的所有权虽未发生变化,但以股票收益权获得了资金。同时,股票所对应的投票权没有受到任何影响。

3.资产处理的策略。

公司在面对债务危机时,基本上都需要处理相应资产,应当注意以下问题:

(1)要转变思想,该处理时就得处理。资产是流动的,在你有能力掌控它的时候,它自然就来了。当能力无法掌控它时,就得放手,因为有能力时它又会回来的。在债务危机出现前期,自己处理资产还能获得相当的价值。若迟迟不愿处理,等到法院以司法拍卖的方式进行处理,则无论是高昂的处理成本,还是缩水的处理所得价值,都会给危机企业带来无可避免的损失。

(2)通过各种方式进行资金融通。资产处理无非是换取更多的流动资金。出售是资产处理的一种最直接的方式。但是现有市场上,融资的方式是多种多样的。拓宽思路、打开心扉，与各类专业人员交流，以更为合适的方式通过资产进行融资，对危机企业而言可能是最为有利的。

(二)人员缩减

裁员往往出现在经营业绩不佳的企业、业务部门或业务板块。大规模的人员缩减与个别人员的劳动纠纷处理存在极大的区别。在大规模人员缩减时，关键应当注意不要引起群体性不满情绪及联合性行为。

1. E公司"经济性裁员"案。

因为业绩不佳，E公司拟撤销其子公司E1公司负责的整个零售业务，直接导致E1公司40余名员工被裁减。这40余名员工的组成极为复杂，包括退休返聘4名员工与30余名正式员工。在正式员工中，有为E公司工作10年以上的员工、离退休5年以内的员工、1名孕期员工、2名产期员工，还有一些在E公司及其关联公司中流转过的员工。在接到人员安置事宜时，E公司决策层已经经过会议讨论决定，要在一周内完成人员安置。但对于人员安置的方案、经济补偿等事项并没有任何的论证及安排。

经各方初步拟定，员工缩减方案按《劳动合同法》第四十一条"经济性裁员"的方式进行，补偿金按照法律要求N+1(N系员工在公司的工作年限)的标准计付。E公司该业务板块负责人、E1公司的负责人等相关领导决定直接召开全员大会，并在大会上宣布缩减人员的计划及补偿方案。谁都没想到，这些人员对公司的裁员计划早有听闻，在大会上提出各种意见，并要求公司以"2N"的方式进行补偿，另外还提出各种加班费补偿等一系列的要求。在提出的各项请求中，有些员工表示公司在管理等方面存在较多不规范，如不妥善解决会考虑将公司不规范之处公之于众。之前已解除劳动关系的10来名员工也加入要求补偿金的行列，使人员安置事宜更加复杂。因双方僵持不下，公司员工将领导"留置"在大会现场直到第二天上午。其间，还惊动了警方等。

第二天一早，公司召集各部门研讨解决方案：①既然是"经济性裁员"，需要到管理部门进行备案；②与公司所在地相关部门沟通，尽可能避免群体性事件发生的同时也取得相关部门的理解与支持；③尽可能与员工协商终止劳动关系,准备劳动关系终止协议等文本及应支付的经济补偿金等;④确定现有情况的解决方案:对于不同性质的人员依法采取不同的处理方案,对于正式员工按"N＋1"的方案进行处理,对于"孕、产、哺乳三期"人员依法可以保留劳动关系;对于已经处理过的员工不再重复处理;对于配合公司工作的员工,给予现场发放经济补偿金,不配合的员工将依据法律规定进行处理;对于拟用公开公司的"不规范"行径来请求更多补偿金的行为表示不接受。各部门分头行动:公司法务部门依据法律规定立即与基层工会、劳动管理部门相关人员联系,报备"经济性裁员"等事项;业务负责人拜访公安机关等政府机关工作人员;公司主管继续做员工的工作。一些员工也没闲着,有10多名员工跑到劳动管理部门投诉,并准备前往政府门口静坐。在公司已经和相关部门沟通过的情况下,政府相关管理部门的工作人员接待了这部分员工,并告知其相关法律规定及公司处理的恰当性。在各管理部门及公司领导等各方面的共同工作及引导下,终于,第一名员工签署劳动关系终止协议,并当场领取了经济补偿金。慢慢地,不时有人来签终止协议,领取经济补偿金。当中也有部分员工找到公司的领导,诉说其特殊性,请求公司予以考虑及照顾。在这种情况下,应强调公司依法实施统一政策。一天下来,签署劳动关系终止协议并领取经济补偿金的人员已经达到八成,基本避免群体性事件的发生。

2.B公司数百名人员缩减处理。

B公司在经营困难时的人员缩减处理相较于E公司而言要更有计划。B公司在经营不佳时,准备对公司部门机构进行调整、精简编制,预计公司人员要从四五百人缩减至不到两百人。在这种情况下,公司人事存在很大的压力。但它不是采用了《劳动合同法》关于"经济性裁员"的规定,而是通过协商解决。B公司的基本步骤为:①由各部门依据薪酬预算确定人员编制及按"人员必须配比及尽可能留用精英"的原则制定人员缩减计划;②确定经济补偿方案。因公司无充足的现金流支持现有人员的经济补偿金,在法律范围内,考虑以现金配比产品的方式进行补偿;③通过与公司员工代表"个别沟通"的方式确定新的薪酬计划、部门编制调整计划及人员调整及补偿计划;④由各部门负责人与相关人员协商实施公司的各项计划。各项计划的实施比想象中要顺利,并没有引起大范围的群体性事件及劳动争议。

3.人员缩减的处理策略。

人是最复杂的动物。人员缩减直接与员工的经济利益挂钩,如不能妥善处理,不仅不能达到公司削减成本的目的,反而会增加公司的处理成本。在人员缩减过程中,应该注意以下事项:

(1)在处理过程中尽量不要引发群体性事件。在我看来,开大会、群发邮件等都是极为危险的。E公司的实践已经证明,员工集体性负面的力量是极具破坏力的。在与劳动管理部门的沟通中,他们也表示,从来未接到过E企业进行"经济性裁员"的报备事项。《劳动合同法》第四十一条关于"经济性裁员"的规定无论是程序还是内容要求均较为复杂,依据该条规定缩减人员时应当更有计划性。

(2)人员缩减应当有目标、有计划地进行。B公司的实践告诉我们,有计划、有组织地进行人员缩减是顺利处理人员的重要保障。人员缩减过程中,另外一个问题是可能造成人才流失,对公司日后的发展造成灾难性的影响。因此,在人员缩减前应当对人员进行细分,有倾向性地确定去留名单,并尽可能地以协商方式处理双方的劳动关系。我们在处理中注意到,企业发生危机时,"留"和"去"是很多员工正在考虑的事情。如果给予合理的补偿,很多员工会自愿接受。如果一个员工自愿接受了补偿方案,基本不会留有处理后遗症。

(3)在人员缩减中,部分员工可能会以威胁曝光公司不规范行径来索要更多补偿金。我们一直秉承"劳动归劳动,不规范归不规范"的处理原则,如果将"不规范"纳入劳动关系的处理,将会成为一个无底洞,也会是日后处理劳动关系的不好的范例。这就要求,不论公司是否"规范",在劳动关系的处理过程中,公司都要"站得直,坐得稳"。

(4)在人员缩减时,因为一次的处理结果将会是下一次处理的先例,因此在处理每一次劳动关系时都应尽可能在法律范围内予以处理,不应过度牵扯情理,防止其成为劳动关系处理的障碍。

(三)诉讼应对

企业出现经营上的困难,最主要的一个表现就是现金流紧张。由此引发的另一个问题就是款项不能支付。这在很大程度上会引发贷款方、供应商等要求企业偿还贷款、支付应付款等的司法诉讼。在司法诉讼中,起诉方往往会采取司法措施,如冻结账户,查封股权、土地及房产等。这会导致企业经营状况的进一步恶化。因而积极有效地应对相应诉讼,成为危机企业的重要事务。

1. 4.5亿元债务强制执行案。

A公司在其危机阶段遇到的一大难题是近5亿元债务逾期的强制执行案。案件的基本情况为:A公司以设立信托的方式向B公司(系信托公司)融资4.5亿元人民币(分2亿元、2.5亿元两笔,两份合同),期限一年,利率9.5%。若逾期,则按贷款利率的200%进行计算。按照监管要求,贷款金额4.5亿元人民币的1%,即450万元是直接由B公司为A公司购买的信托保障基金(未到过A公司账)。依据协议,该笔款项按照银行存款基准利息向A公司支付利息,B公司有权直接将该笔资金抵扣A公司逾期本息及未支付的费用。A公司实际控制人对A公司的债务偿还承担连带担保责任,信托贷款合同及担保合同等法律文本均进行了强制执行公证。借款到期后,A公司及其实际控制人无力偿还这笔贷款本金(利息则按期支付)。因部分信托投资者要求按期偿还投资金额,A公司在B公司的要求下,直接向相应投资者偿还本金1000万元及相应利息。各方未签署任何协议等文本。逾期2个月后,虽各方一直在协商处理方案,但B公司在未告知A公司的情况下,直接对A公司及实际控制人向法院申请了司法强制执行。执行法院依据程序冻结了A公司持有的包括其控股和非控股上市公司全部股票,并启动相应的司法拍卖程序。其中,A公司持有的非控股上市公司的股票系限制流通股,在冻结时的市场价值约为8亿元人民币,扣除质押债权部分的净值后约为5亿元人民币,完全能够覆盖A公司对B公司的债务。在本案处理中,主要存在以下法律问题:

(1)关于股票冻结的问题。

因为 A 公司系上市公司的控股股东,其在上市公司的股票被司法冻结后,将直接影响公司的融资。公司的大部分股票均设有质押,依据各方贷款及质押合同,如质押担保存在问题,贷款方可以宣布贷款提前到期。若发生质押股权被司法冻结的情况,即便贷款方不立即宣告贷款提前到期,也会要求借款方在一定期限内解除司法冻结,以确保还贷安全。当然也会有贷款方担心质押股权无法全额满足贷款金额,立即采取司法诉讼等途径保障权益的情况。这些都将是危机企业进一步遇到的压力和困境。另一方面,A 公司身为上市公司的控股股东,如果其股票被司法冻结,按照信息披露规则,其应在一定期限内披露信息。这将是一个极为负面的信号,可能引起贷款方集体抽贷的风险,这对企业的打击往往是毁灭性的,甚至可能直接引发企业崩盘及破产。

万幸的是,A 公司持有的非由其控股的上市公司的限售股票价值已经远远超出了执行标的额。经与执行法院多次沟通,法院解除了对 A 公司控股上市公司股票的执行措施,保护了 A 公司在上市公司的权益。

(2)关于公证债权文书强制执行的问题。

本案中,双方债权债务并未经过审理,而是由债权人直接依据公证债权文书向法院请求强制执行。在处理本案件事务过程中,依据 A 公司向我们提供的债权公证书,我们发现,在贷款金额方面,两份贷款合同的公证书主文内容与贷款合同内容无法一一对应。换言之,信托贷款合同的公证书存在错误。《中华人民共和国公证法》(以下简称《公证法》)第三十七条明确规定,前款规定的债权文书确有错误的,人民法院裁定不予执行,并将裁定书送达双方当事人和公证机构。另一方面,依据《公证法》及《最高人民法院关于公证债权文书执行若干问题的规定》(2018 年6 月 25 日通过,2018 年 10 月 1 日起实施)等法律法规的规定,公证债权文书的强制执行必须由公证机构出具执行证书,并在执行证书里明确债务履行情况。司法部的《公证程序规则》第五十五条也明确规定,公证机关签发执行证书应当注明被执行人、执行标的和申请执行的期限。债务人已经履行的部分,应在执行标的中予以扣除。因债务人不履行或不适当履行而发生的违约金、利息、滞纳金等,可以列入执行标的。显然,在本案中 A 公司已经向信托债权偿还的 1000 万元款项未从本金中扣除,另外，A 公司也从未被告知过信托保障金的 450 万元及其利息做何处理，公证机构也从未向 A 公司核实过债务履行情况。执行证书的内容可能存在错误。如果公证债权文书及执行证书在程序及内容上存在错误，法院依据错误的公证债权文书受理本案执行事项，也是存在错误的。依据《中华人民共和国民事诉讼法》（以下简称《民事诉讼法》）、《最高人民法院关于人民法院办理执行异议和复议案件若干问题的规定》，A 公司可以提起异议。但是，基于 A 公司向 B 公司贷款的事实行为，逾期利息并不因诉讼而停止计息。且 A 公司存在出售、限售流通股的需求等事实情况，因此我们并未建议 A 公司向法院提出异议。

有人会问，公证债权文书的强制执行是不是减少了当事人的抗辩权而对债务人不利。抗辩权角度的担忧是成立的，但强制执行也有一些好处，比如公证债权文书的强制执行一般都是大额债务的处理，且执行法院一般也在被执行人（债务人）处，这对债务人是极为有利的。

（3）关于上市公司限售股票司法拍卖的问题。

对于上市公司限售流通股票的司法拍卖，执行法官也从未接触，对其可行性及流程步骤存在很多疑问。由此，我们对上市公司限售股票的司法拍卖流程进行了研究与分析，确定了其可行性（详见下页图 4），并深入了解了股票价值评估等程序，并及时与执行法官沟通交流。司法拍卖在淘宝的司法拍卖网上进行。2016 年，最高人民法院专门出台了《最高人民法院关于人民法院网络司法拍卖若干问题的规定》，对网络司法拍卖进行规定。依据该规定，在拍卖之前，相关标的及价格等内容需提前30 日公示。在拍卖结束之前，竞拍人只要在淘宝开立账户并缴纳保证金，便可以参加竞买。由此，在拍卖过程中，可以安排竞拍人参与竞拍，以避免拍卖价格过低。当然，当标的物的金额过大，最终拍卖成交价格可能会较多地偏离真实价值。但如由股票持有人自行通过股票大宗交易系统进行股票交易，该交易价格与竞价交易的价格也会存在二到三折的价格差。从这个角度看，用司法拍卖的方式处理上市公司限制流通股也不算是一个坏的途径。

在拍卖程序中还有个小插曲。因为 A 公司的限售股票在执行裁定时，价格一直位于高位。进入执行程序后，因为各种原因，A 股市场一直走低,该股票的价值也一直在缩水。在此情况下,A 公司实际控制人提出想法,是否可以暂缓拍卖程序。我们在研究暂缓的法律依据的基础上,问道:"如暂缓后,股价还是一路低走该如何处理?"最后 A 公司的股票还是按程序被拍卖掉了,而且值得注意的是,该限售股票的价格确实一路走低,至今仍未达到拍卖成交价。

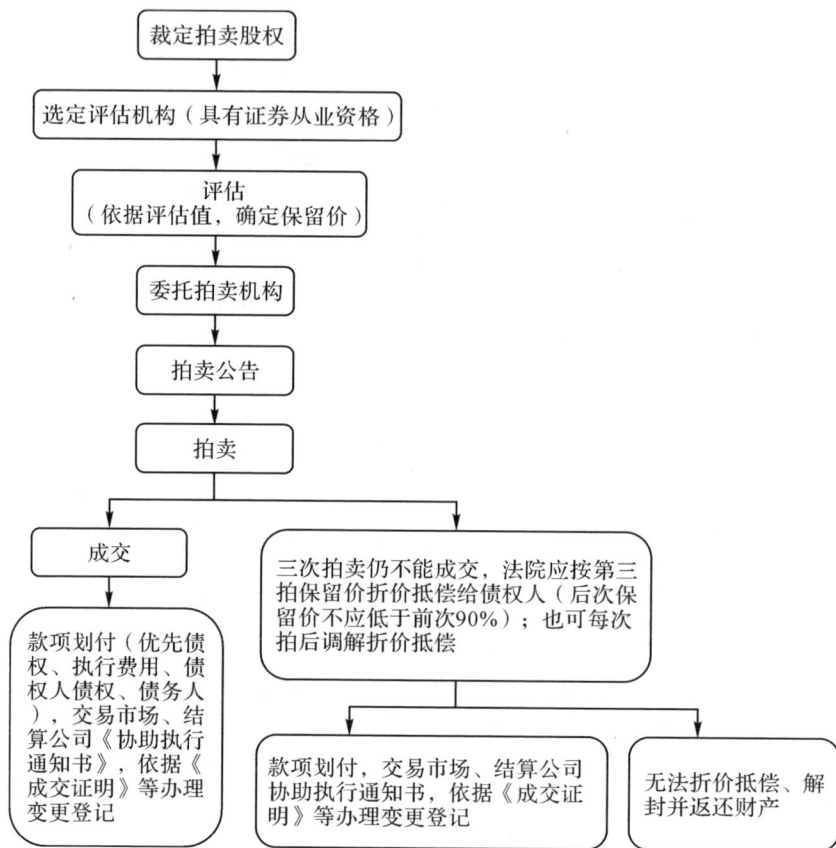

图 4 上市公司限售股票司法拍卖流程图

法律法规、规范性文件依据包括以下各项。

①《民事诉讼法》《公司法》《证券法》《物权法》。

②《最高人民法院关于冻结、拍卖上市公司国有股和社会法人股若干问题的规定》。

③《最高人民法院关于人民法院民事执行中查封、扣押、冻结财产的

规定》。

④《最高人民法院关于人民法院民事执行中拍卖、变卖财产的规定》。

⑤《中国证券登记结算有限责任公司深圳分公司协助执法业务指南》。

⑥ 其他法律法规、规范性文件。

(4)执行款项结算及和解。

拍卖后,法院组织双方进行最后的结算。在结算过程中,B公司提出,还差1000余万元的逾期利息尚未支付。按照A公司财务的算法,不扣除购买信托保障基金的450万元、多支付的利息等款项及代为偿还的1000万元投资者债务,算入逾期利息,最终结算金额相差1000万元左右。如相应款项均予以扣除,账务基本持平。但B公司坚持不肯放弃逾期利息部分。我们推断,B公司已经代为偿还信托投资者的相应款项,A公司向B公司支付基本利息后,已经能够覆盖B公司的资金成本。B公司要求的逾期利息无非是公司的利润及团队的奖励金。而拍卖款已经到达法院,即执行款的利息应当止付,如双方未结算清楚,法院也无法轻易将执行款划拨给B公司。B公司将直接面临4亿余元资金成本的压力。

经过多方协商,最终B公司与A公司达成执行和解,以相应的执行款清偿A公司对B公司的全部债务。同时,A公司还须向B公司结算信托保障基金的450万元及其收益。

2.供应商讨债诉讼案。

C公司在2011年的金融危机中因与其他企业互相担保受到牵连,损失几千万元,大伤元气。2018年,由于经营决策等因素,C公司业务下滑,导致公司资金链紧张。公司的业务及财务颇有压力,天天需要应对各种款项的催讨。有些企业提出由C公司出具付款时间的承诺函等要求。对此,C公司需要做出资金安排,在可能的情况下,支付相应供应商部分资金,尽量避免诉讼纠纷。对于无法确定支付时间的,C公司应尽量避免出具公司盖章的文书。

供应商D公司催讨未果,直接向法院提起诉讼,并查封了C公司账户 100 多万元人民币。一方面 C 公司实在没有钱付款。另一方面,账户未查封到 C 公司的任何资金,所以 C 公司便未予理会。没想到几天后,一笔 100 多万元的应收款打入了 C 公司被冻结的账户。C 公司急忙找到 D 公司协商付款及账户解封事宜。在这种情况下,D 公司坚持要求 C 公司支付逾期付款的利息及律师费、诉讼费等费用。在各方面调解下,D 公司同意放弃利息及其他费用,但不接受货款的长时间分期。对 C 公司而言,这一安排在很大程度上以时间换出了一部分资金的流动。

签署调解书也是有讲究的,因为账户冻结的解封需要经过法院内部的一些程序,因此对于第一笔款项的支付时间,支付方可以要求是在法院账户解封后的一定期限内。否则,支付方还需要从其他地方调取资金换取账户内冻结的资金。前述案例中,在与经办法官确认账户解封当即可以完成的情况下,C 公司同意签署调解书后 3 个工作日内支付首笔款项。但是,由于公司账户解封并没有预想的那么快,这就使 C 公司陷于困境。依据调解书支付款项,需要在 3 个工作日内融到首付款;如果不支付,则将直接导致逾期支付。若 D 公司不予谅解,C 公司需要付出更多的处理成本。最终,因调解书具有法律效力,C 公司还是依据调解书的期限支付了首付款。数日后,在 C 公司的不断催促下,账户得以解封。

3. 诉讼的法律处理策略。

综上,对于危机企业可能及正在发生的诉讼,我们建议:

(1)在诉讼之前,危机企业对于可能出现的诉讼应当尽量与对方进行友好协商,争取得到对方谅解,获得更长的账期。在协商时应当尽可能坦诚相对。"堵"或"置之不理"等态度往往会适得其反。此外,公司要注意保护资金流,尤其在面对危机时,一点点资金流都可以派上大用场。而且,在企业发生危机时,用钱的地方还有很多,也需要注意保留部分资金以备应急。因此,资金流应尽量不往公司账户流动,至少不往公司常用的账户上流动,避免诉讼财产保全查封相关公司账户,冻结该等弥足珍贵的资金流。

(2)面对纠纷,即便被采取了一定的财产保全措施,危机企业也不应慌张。企业应当第一时间了解案情,由公司业务、法律及管理人员等相关人员进行案件的整体分析,探讨最佳处理方案。同时,企业还要与法院及时取得联系,在必要时尽可能将企业的实际情况告知法官。记得有个案子,诉讼法院查封了公司的股票,事关重大。公司立即缴纳了保证金到法院,但解除股票冻结并不是很顺利。我们始终联系不上该院经办法官,便找了他们负责的上级领导,告诉她事情的紧急性,且作为代理人的我也跨越几百公里来到该法院。那位上级领导可能被我的行为感动,也意识到应该及时处理这个事项,随后便让经办法官与我联系,解封手续很快就得以完成。在另一个执行案子中,公司在发现自己变成被执行人后,一直与执行申请人协商处理方案,但始终未与执行法官联系,以致后续很多财产被查封与冻结,整个案件处理过程都较为被动。

(3)对于大型企业,也可以制定"诉讼断交"的"外交政策"。虽然法院是解决问题的一个平台,通过诉讼解决问题无可厚非。但是,目前的诉讼基本都伴随查封账户等财产保全措施,在企业危难时仍坚持通过诉讼并实施财产保全等措施讨要款项,也算是彻底翻脸了。对于这样的企业,其对双方后期更多的合作应该不做任何的期许了。"断交"不仅仅是一句气话,通过"诉讼断交"政策的实施,在一定程度上可以暂缓或减少诉讼的发生;另一方面,"断交"也是对对方的一种惩戒。

一家电子商务企业的债务危机处理之路

一、基本情况

　　这是一家典型的民营小微企业,主要从事电子商务领域的业务,兼营软件开发、服务业务。其中,电子商务板块的业务模式主要是通过与各厂商合作设立合资公司,通过网络渠道,如开设天猫店等方式销售厂商的产品。在经营过程中,因产品选定、成本控制等原因,原有几个产品的项目都发生了亏损。作为轻资产的互联网企业,公司的融资主要途径是民间融资,即由企业主向亲戚、朋友借款获取企业运营资本。2018年7月,该企业主就资金及经营等问题与我探讨,以求解决之道。

　　在探讨中,我了解到该企业主的现状:其目前需要按月支付的民间借款利息(主要形成于前期项目亏损)及房产按揭等款项合计为十余万元;另外企业经营需要按月开支的人工工资、经营场地租赁、办公费用等款项合计为十余万元;同时,企业在筹备的几个电子商务项目,还需要大额款项的投资;前期借入的钱及时归还的承诺也无法兑现。这种情况下,资金缺口有二三十万元。企业现存两个业务板块,一个是电子商务板块,处于盈利状态;一个是软件技术服务板块,处于微盈利状态。但是,两个业务板块的盈利并不能覆盖其每月的资金缺口。其有限的融资途径基本已经穷尽,如何解决资金缺口是他当前最为头痛的事情。在经营过程中,前期项目亏损的欠款是由其个人在承担的。换言之,其家庭财产已经进入公司经营中,无法剥离。受到前期亏损资金的拖累及现有资金需求的缠扰，该企业主已经焦头烂额、身心疲惫，进一步影响到了企业主对公司业务的投入及经营。

二、债务危机情况分析

和企业主接触后，为明晰企业主当前状况，有效找到企业主的解决之道，我帮助企业主对其资产债务、现金流及业务盈利情况做了分析。这其实就是企业经营的三张财务报表——资产负债表、现金流量表及利润表。

首先需要梳理的是该企业主的资产债务情况。经梳理，该企业主的主要个人资产情况为：一套住宅配套两个车位 640 万元、一套公寓（期房）120 万元、一辆宝马车 20 万元，合计总资产约 800 万元。该企业主的主要负债情况为：住宅及车位借款 390 万元、亲友借款 540 万元、信用卡各项借款 60 万元、银行抵押借款 70 万元，合计 1000 余万元（具体资产负债情况详见图 5）。从资产与负债的角度看，这名企业主的负债率达 135% 以上，已经处于资不抵债的状态。

资产明细		负债明细	
住宅	600万	住宅抵押贷款	600万
车位	40万	车位按揭贷款	40万
公寓	120万	亲戚朋友借款	120万
宝马车	20万	银行信用卡借款	20万
总计	780万	银行抵押借款	70万
		总计	1060万

图 5 企业主资产负债情况图

其次梳理的是该企业主每月现金流量情况。企业的现金流量包括现金流出及现金流入。其中，每月现金流出主要包括两部分：一部分是其负债所需支付的按揭及计息等内容，预计金额为 13 万元/月；一部分是企业经营因人员工资、办公场地、办公费用等所需的资金，预计金额为 7.5 万元/月（已扣除现有项目分摊部分）。两部分资金需求共计为 20.5

万元(具体月度现金流需求详见图 6)。每月现金流入情况主要包括企业两个板块的经营收入,预计综合有 30 万—40 万元的现金流。但是,两个项目均为独立核算项目且存在其他股东,除了分摊部分人员工资、场地费用及办公费用约合 8 万元外,前述约合 20.5 万元的资金流出均需企业主自行解决。当然,该企业主实际中也调用了两个项目的结余部分支付相应款项,并遭到其他股东的警示,要求尽快将资金拨回。另外,该企业主还有一笔家庭生活开支需要开销。

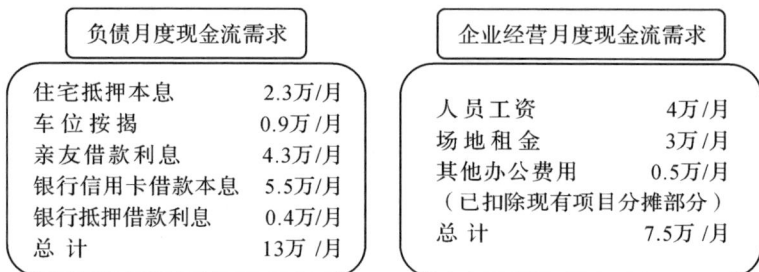

负债月度现金流需求	
住宅抵押本息	2.3万/月
车位按揭	0.9万/月
亲友借款利息	4.3万/月
银行信用卡借款本息	5.5万/月
银行抵押借款利息	0.4万/月
总 计	13万/月

企业经营月度现金流需求	
人员工资	4万/月
场地租金	3万/月
其他办公费用	0.5万/月
(已扣除现有项目分摊部分)	
总 计	7.5万/月

图 6　每月所需现金流需求情况图

最后是业务的梳理。该企业目前存在以下业务板块:第一,电子商务软件技术服务板块;第二,电子商务代运营板块;第三,产品电子商务销售板块。同时,企业还在酝酿电子商务培训项目及文化领域产品电子商务销售项目,前期已经投入几十万,但尚未落地,仍需不断投入。

对该企业的各部分进行梳理及分析之后,我总体判断,该企业的业务基础及未来发展仍充满希望。企业主因受到前期业务亏损带来的后遗症及资金的困扰,处于一团混乱中,未明确应完成的事务及发展方向。

三、债务危机的处理

基于前述债务危机的分析,并与相关财务人员沟通后,我提出的处理方案如下。

1.通过出售/抵押房产(车位)、车辆等方式获得资金,解决短期内的资金需求。该企业首先需要解决的就是资金流问题,如资金流断了,也就意味着"game over",只能打工还债;站在债权人的角度,也将是很大的损失。以该企业主现有的资产情况,可通过出售房产(车位)、车辆或提高房产抵押率等方式获得资金。其中,直接出售房产(车位)是最有效的。这样,不仅可以得到一笔比抵押更多的现金,同时还减少了每月3万余元本息的现金流支出,多余的现金还可以偿还信用卡借款本息,极大程度上减轻了每月现金支出的负担。当然,直接出售房产(车位)的劣势也是明显的:处理时间长,失去资产所有权,无法实现再融资,并在楼市上涨期内无法获取房屋的增值价值。如果以提高房产抵押率的方式获取资金,则还要增加每月的现金支出,但其周期快且资产所有权未转移,并可享有后期增值部分。同时,因为房屋出租后,可以产生现金流,基本能覆盖其增加的抵押部分的本息支出。如果提高房产抵押率获得的资金能解决半年及以上现金支出问题,则更为推荐提高房产抵押率的方案。无论以何种方式获得的资金,此时比金子还要珍贵,均是需要用在"刀刃上"的。

2.与相关债权人进行协商,通过降低借款利息及延长支付期限进行债务重组。每个月4万多元的利息,看着不是大额,但应在尽可能的情况下获得他们的谅解、延期及降息。在这种情况下,需要对各债权人进行分类,分类标准可包括利息的高低程度、获取利息时间的长短、感情亲疏等方面,以确定他们的心理承受能力及谅解程度。这些民间借贷基本来自企业主的亲戚及好朋友,依我的理解,在很大程度上可以获得或多或少的支持。延期、降息的协调工作应在资产处理后进行,如有人提起诉讼,冻结资产,则将功亏一篑。当然,在现有民间借贷利息不算大额的情况下,如无法实现延期、降息等目标,则可暂时不予改变,而调整其他处理方案。

3.对公司的业务板块进行梳理,并确定各时期的业务发展偏重,实现企业的正常"造血"及"供养"。资金问题最终仍需业务来处理,只有实现企业的正常"造血"及"供养",才能保证该企业主脱离债务危机,并最终实现债务及经营的均衡状态。依据该企业的业务情况,我将该企业的业务分为基础业务板块、盈利业务板块及未来发展业务板块,并对各业务板块进行了分析和规划。

首先,稳住并开拓基础业务,减少业务成本的资金缺口。基础业务板块是"投入少,产出稳定"的板块,包括软件技术服务板块及代运营板块。虽然基础业务板块不能产生很高的盈利,但营业收入可以直接分摊公司的人员工资、场地等费用。在现有情况下,发展基础业务是实现业务收支平衡的最快捷、最有效路径;而且基础业务板块也是未来企业发展的基石。由此,在短期内,该企业主应当将业务开拓放在基础业务上。

其次,要保全现有盈利业务板块,及后期可能发展的短平盈利业务板块。该企业的盈利业务板块应该是产品电子商务销售板块。前期投入后,该企业已经存在一个产生现金流及收益的盈利业务板块。应在合适的时机,复制其他产品的运营模式。对于盈利业务板块的开拓,可作为该企业稳定后的重点发展项目。

最后,暂停或暂缓企业的未来发展项目。以该企业的现有情况,暂时是没有能力进行大投资的。由此,对于前期已经投入几十万元,但尚未落地,仍需不断投入的项目,该暂停的就得暂停,该暂缓的就得暂缓,待到有能力时再进行投入。

4.考虑团队的股权激励。企业现有的经营状态很大程度上受到企业主前期经营亏损的拖累。由此,作为企业主,不能将该种情绪传导给团队的核心成员。否则,相应人员会产生为企业主债务工作的心理,无法调动其工作积极性,并可能导致核心成员的离开等团队不稳定因素。为此,作为企业主,在下一步发展中,更应注重项目财务独立核算,并对各项目发展起着重要作用的核心人员实行项目分红权激励,对公司业务整体发展起着重要作用的核心人员实行整体业务的股权激励(团队股权激励的架构可参考图7)。

分离公司与企业主的债务关系;同时可以激励员工对各业务板块的工作积极性,创造更大价值。保留企业主对企业的控制及个人收益部分,该部分资金可以确保其个人对相应债务利息的承担及逐步的偿还,同时也避免了债权人的损失。

债务危机处理方案拟定后,该企业主说:"原来像掉进了荆棘堆里,不断挣扎,不知路在何方,虽然也知道要卖房子、卖车了,但也不清楚卖完了之后应该怎么使用及调配资金。"他说,"理完后清晰了很多,知道该

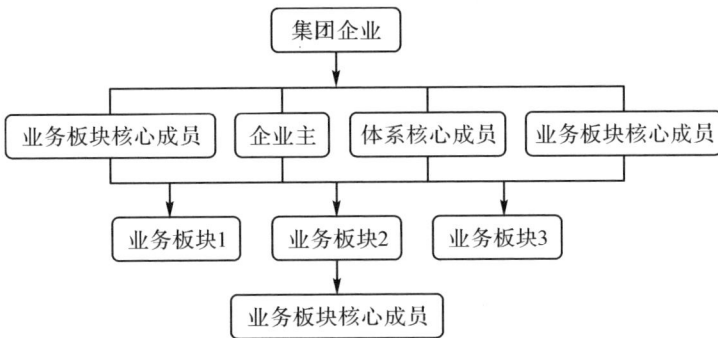

图7　团队股权激励架构图

怎么干了。"在聊到为什么出现这么大笔资金缺口时,他说:"前几年好多资金围着我打转转,有点被冲昏头脑了。在业务高峰时,一年也有几千万元的营业收入,但也出现了大量亏损。后来把业务砍了,资金成本还在,就这样,窟窿越来越大。心里是害怕的,总想回避,就更没有心思经营业务了。"当然,债务危机处理方案的各项内容还需要他自己去落实及执行。

四、尾言

就本案例可以反映出以下几点内容。

第一,一些小微企业的民营企业家,总体综合素质不是太高,对公司财务的运用,对项目的总结、思考能力并未达到企业发展的总体需求。在交流过程中,我经常跟企业主说的一句话就是"十多年的经营,造就了这么大一个资金窟窿,也是不容易的"。民营企业家的另一个特点就是,在业务过程中,家庭财产与公司财产不隔离,这往往造成一荣俱荣,一损俱损的局面。

第二,对于钱应当抱以敬畏之心。我们经常说的一句话"德财配位",即对钱财如没有很好的驾驭能力,则往往被钱财反噬。本案例中的企业主就是个例子,在前期获得大量资金时,经营中并没有做好成本控制等工作,以至于后期形成一个资金"黑洞",吞噬着该企业主的资产、家庭及身心。我也遇到过其他的民营企业家,在企业经营高峰期,获得了大笔资金,他将大量的资金分配给了与他一同打江山的团队成员。虽然本是一件好事,最终却没有得到好的结局。因金额巨大,得到钱的人觉得还不够,没有得到钱的人满肚怨气,以至于后期团队分崩离析,纠纷不断。这都可算作金钱惹的祸。

第三,专业服务在市场上是有需求及有社会价值的。民营经济是社会经济的重要补充,针对民营企业家存在的问题,可通过法律、财务等专业性人员的辅导予以扬长避短,以帮助其健康、顺畅发展。这对整体社会经济的稳步、健康发展起着很重要的作用。

诉讼中的提问技巧

在诉讼中，最关键的是证据。但在证据不充足，或者证据形式未达到法定要求，或者证据无优势等情况下，诉讼中的提问便显得尤其重要。如前述专业性中介机构内部股权代理纠纷案中，D承认其于2008年起代持了其他股东在XH资产评估公司的股权，但其认为于2010年行业出台关于非评估师不得享有股东资格的管理规范时，代持关系就自动终止，其他人员的股权与他在其他公司的股权进行了置换。当我们问他："协议终止了是否经过结算？置换是否达成一致，有无书面协议等文件？"他辩解道："没有结算，但是各方以默认的方式达成一致。"他的这一辩解显然是不成立的。

一、公司高管索要工资仲裁案

这是一个公司高管要求公司支付薪资的案例。

2013年4月，YH进入G公司工作。双方签署劳动合同，约定劳动期限至YH退休（YH退休的日期为2018年1月）。2013年6月，YH被任命为公司的董事。YH的月工资为15万元人民币，即年薪180万元。2016年起，G公司推行合伙人制，即鼓励员工，尤其是公司高级管理人员进行创业，并可邀请公司或公司实际控制人投资。2016年4月，G公司免去YH董事职务。2016年7月，G公司停止向YH发放工资。但G

公司未对 YH 的劳动合同做任何处理,且 YH 的社保等仍由 G 公司继续交付。另一方面,YH 自 2016 年 4 月至 2017 年期间在宁波设立了有限责任公司,并以有限责任公司作为无限合伙人与 G 公司的实际控制人 Y 君共同设立了有限合伙企业 BG,并通过 BG 有限合伙企业与一家上市公司的下属企业投资相关企业。在 2016 年 7 月至 2017 年 7 月期间,G 公司在美国投资的公司邀请 YH 参与相关活动。2018 年 1 月,YH 经 G 公司办理退休后,向 G 公司所在地劳动仲裁机构提起仲裁,要求 G 公司支付 2016 年 7 月至 2018 年 1 月期间的工资 200 余万元人民币。

仲裁申请中,YH 提交了劳动合同、社保缴纳证明及工资流水单等证明材料,以证明其与 G 公司存在劳动关系。我们的观点是:①YH 原来在 G 公司担任董事高管一职,任职期间为 2013 年至 2016 年 7 月;②2016 年 7 月起,YH 选择了做公司及实际控制人的合伙人进行创业,并就此未在公司任职,也未为公司提供劳动。为此,我们向仲裁庭提供了 YH 劳动合同、董事聘用及解聘的股东会决议、YH 在宁波等地设立公司的工商资料。在庭审中,YH 不断申请仲裁机构向 G 公司调取向其报销款项的材料,并认为其虽未担任董事职务,但一直担任公司董事局的副主席一职。经过三次调取证据材料、三次开庭,基本事实情况逐步清晰,YH 报销款项显示的内容基本为其所属地上海与 G 公司所在地杭州、投资方上市公司所在地北京以及项目所在地深圳之间的往来车旅费、住宿费,所进行的出差内容基本为会见投资者。针对我们提出的 YH 在外投资的答辩意见,YH 提出,该些投资公司均是为 G 公司代持。但其无法提供代持的书面证据。对于报销款,YH 主张其就是为 G 公司服务过程中产生的费用。

庭审刚开始时,仲裁员的态度明显偏向于劳动者。YH 又有劳动合同,又有社保缴纳证明,还有报销款证明,仲裁员问我们:"那你们说,YH 又不是你们的人,你们为什么要给她报销?"

我们解释:"因为财务不够规范,YH 虽然进行自主创业,但其是与公司实际控制人合作,且项目资金投入尚未到位,相关款项均为公司对其的帮助。"

我们把报销款的明细列出,并与 YH 在外的投资情况进行比对,时间、地点、事项等基本能够相互吻合。这在很大程度上说服了仲裁员。

最后一次庭审中，仲裁员向 YH 方提问："停发工资至你们退休期间，你们有无向公司主张工资，或向劳动管理部门进行投诉之类的行为？"

YH 方回答："在 2017 年 7 月向公司发过邮件，未向管理部门进行过投诉。"

我们又向 YH 提问："既然你说有正常工作，那么请问你在工作中向哪些领导汇报？与公司哪些人员一起参与过工作会议？"

YH 代理人回答："与公司实际控制人 Y 君沟通与汇报。"

我们又问："你所说的董事局的主席是谁？"

YH 代理人回答："董事局的主席是 Y 君。"

我们又问："Y 君在公司有无任职？"

YH 代理人回答："没有法律上的职务，但实际控制公司。"

我们又追问："既然你说你一直为公司服务，那么请问你为公司服务的过程中，见过那么多投资者，有多少项目是落地的项目？"

YH 的代理人与 YH 通了很长时间的电话后回答："无可奉告！"

如果说，在庭审过程中仲裁员还偏向于 YH，那么这一句"无可奉告"基本已经将仲裁员推过来站在我们这边了。

开完庭后，仲裁员总结说了一句："这世道为一个字搅乱了——钱！"最终，他在仲裁裁决书里写道："申请人入职后担任董事一职，月工资近15 万元，至 2016 年 6 月期间，被申请人均按时足额向其发放工资，未出现拖欠的情形；另从被申请人为申请人报销以上时段的费用看，既然被申请人给其报销了差旅费也就没有理由不发放其整月工资而申请人予以默认。如其确认被申请人无正当理由拒绝支付工资，便可向劳动行政部门投诉，如有争议亦可通过司法途径进行维权，但其在停发工资长达19 个月以后的 2018 年 3 月才向本委提出仲裁申请，申请人以上做法不符合最基本的生活常理。""……以上种种现象表明，实际上申请人与被申请人出于各自的需要在某些问题上达成了共识，形成了某种默契的合作关系，事实上的劳动关系不成立。故从这一特殊情形出发，本委认为：所谓工资是劳动者按照劳动合同的约定，向用人单位提供正常劳动义务所付出的劳动对价。结合本案,从以上查明的情况分析,只能说明双方存在某种利益关系,在日常事务中,申请人亦有为被申请人提供服务的情形,但不能证明是其在正常劳动合同期限内为被申请人提供了正常劳动义务的行为。故申请人要求被申请人支付工资的仲裁请求,本委不予支持。"就此,劳动仲裁委驳回了 YH 要求 G 公司支付 200 余万元工资的仲裁请求。

这个案子中,我们正是通过提问的方式,让仲裁员清楚了解到,YH 在停发工资期间主要是与 G 公司的实际控制人 Y 君联系沟通,并与 Y 君共同开设公司进行创业,YH 并未向 G 公司提供正常的劳动。据此,YH 向 G 公司讨要工资并无依据。

二、激励股权兑现案

B 公司在公开发行股票并上市之前,邀请公司中层以上管理层约二三十名员工以向 B 公司母公司 A 公司增资的方式进行股权激励,并办理了工商登记手续。X 系由 A 公司的实际控制人引入的高级管理人员,因当时未正式入职 B 公司,所以未取得向 A 公司增资的资格。Y 于 X 正式入职 B 公司一年后以股权转让的方式按 200 万元的价格向 X 转让了 100 万股 A 公司的股权,并未办理工商登记手续。1 年后,B 公司公开发行股票并上市成功。后因 Y 及 B 公司为了方便管理,拟对股权激励的股东进行股权收购,按其增资款的 30.5 倍的税后价溢价收购。各方经协商签署了股权转让协议,并完成股权变更工商登记手续。X 不在 Y 及 B 公司收购计划范围内。因其他管理人员手上的股权均以较高价格被收购,X 坚持要求 Y 按其他人员的价格对其持有的 100 万股 A 公司股权进行收购(预计 6000 余万元的转让价)。因 X 与其他管理层人员在入职时间及对公司的贡献方面存在一定区别,Y 对 X 的股权虽然有收购的意向,但对其提出的收购价格并不认同。之后,X 仍以邮件、微信等方式向 Y 要求支付 100 万股股权兑现款 6000 余万元人民币。当然,基于双方友好关系及收购意向,Y 向 X 预付了 1000 万元的转让款。此后,X 向法院提起诉讼,要求 Y 及 B 公司向其支付股权兑现款 5000 余万元人民币。

X 向法院提供了 X 作为公司管理人员的相关证据,并提供了其他二三十名通过增资进行股权激励的员工股权退出时的股权转让协议及其价格情况,以此证明 X 与其他人员属于相同的股权激励对象,根据交易惯例要求 Y 及 B 公司按其他人员的价格向其支付股权兑现款。同时,X 还请了当时提前退出人员出庭做证。在做证过程,证人陈述了 Y 与其他三四名人员存在股权激励纠纷及对 Y 的诚信度的否定。

我们并没有纠结于其陈述而是直接向其提问:"是否了解其他二三十名员工股权退出的具体情况?"

证人回答:"不清楚。"

我们又问道:"是否了解 X 的股权激励的情况及后期要求股权兑现的情况?"

证人还是回答:"不清楚。"

在此基础上,我们确认了证人证言与本案不具有关联性。

对于 X 在法庭中的陈述,我们提问:"X 为什么未和其他员工一同增资取得激励股权? X 是在哪个时间点与 Y 达成股权收购或股权兑现的一致意见的?"

X 代理人回答:"将在法庭辩论中回答相应问题。"

但 X 代理人一直在论证 Y 通过股权转让款支付等方式对双方股权兑现达成了一致意见,并没有直接回答我们的提问。通过提问,我们更加明确了 X 与其他人员存在不同情况,且双方就 X 股权兑现并未达成一致的观点。

三、个体工商户经营财产分割案

L 与 Z 原系男女朋友关系。在交往过程中,两人以 L 的名义设立了一家个体工商户,从事足浴业务,并由两人共同经营,L 负责外部联系、人员招聘、培训等事务,Z 负责足浴店财务等事务。不久后,两人因感情不和闹分手,因足浴店转让将获得一笔十余万元的转让金,双方对足浴店的归属发生争执。L表示该足浴店是以他的名义设立,就应该由他享有全部权益,与Z无关。双方因争执还发生打架事宜,并惊动当地警察。Z无奈,遂将L告上法庭,要求确定其对足浴店享有的权利。

Z委托我们作为她的代理律师,向我们提供很多当初购买足浴店沙发、毛巾、灯具及其他办公用品的凭据,但该等凭据并无销售方的盖章,无法从法律上直接证明该等凭据的合法性及与足浴店的相关性。在将相关凭据提交给法庭的基础上,我们主要通过法庭提问的方式来确定相关事实情况。

我们问道:"足浴店开立时的沙发、毛巾、灯具等物品是由谁购买的?在哪里购买?以什么价格购买的?"

L支支吾吾,不知如何回答。

我们又问道:"足浴店的财务由谁负责?"

L沉默,不肯正面回答。

最后,在一些细节性的提问下,L承认Z参与了足浴店的经营,但参与程度并不高。

在此基础上,经法官及我们协调,L及Z达成和解:足浴店由L继续经营,L向Z支付相应补偿8万元人民币。至此,双方纠纷得到解决。

四、小结

在诉讼中,法庭调查阶段的提问是补足、补强证据的极为有用的手段。好的提问可以让对方开口,陈述事实的真相。同时,通过当事人对相关提问的回答也可以加强裁判者对事实情况的自由心证,以取得法官对提问者的理解。在提问中,应该注意以下问题:

1.提问应当以事实为基础,并以对方当事人给出提问者想要的答案为目标。在法庭上的陈述,陈述方可能通过"记不清"或"不了解"来回避问题,但一般不会无中生有地做伪证。所以,无论是对证人还是对对方当事人提问,律师均应在了解相关事实的基础上进行,并且争取对方能给出明确答案。如公司高管索要工资仲裁案中,YH一直强调其是公司董事局副主席。当问到董事局主席时,她不可能回避这个问题,而这个问题直接影响了"董事局"的性质及与被诉公司的关系。

2.提问应当简单明了,方便回答者与裁判者清楚了解所提的问题及相应答案。在激励股权兑现案中,为了确定股权激励及退出都是协商一致确定的,我向证人提问:"如果你不同意,公司是否会将你登记于工商登记处?"证人回答:"这又没发生,我怎么知道会不会呢?"法官说:"这是个假设的问题,和本案无关。"我立即调整了问题的内容,重新提问:"好吧,那我换一个问题,你的增资和股权退出都是经过双方协商同意后才进行的,是吗?"证人回答:"那肯定是的。"

3.提问可以从细节入手。任何故事都由无数个细节组成。一个人向另外一个人出借了100万元人民币,但是没有任何转账及取款的记录。那么这100万元的资金来源将成为最大的问题,可以对出借人提问。

我曾经调解过一个案子,女方让男方写了一张40万元的借条,并起诉到法院要求男方予以偿还。男方辩解,两人原处于恋爱状态,写借条是为了向其哥哥催讨他所欠的50万元,女方并没有实际借款。

庭审中,法官问:"借条是在哪里写的?"

女方答:"在咖啡厅里。"

法官问:"钱是怎么给的?"

女方答:"用个黑色塑料袋拿来给的。"

法官又问:"钱是哪里来的?"

女方回答:"我老公给的。我没有用卡的习惯,每次老公给我的钱我都是取出现金放在家里的。"

法官又问:"你老公的钱是怎么给你的? 转账,还是给现金?"

女方:"都有。"

虽然女方一直在陈述,但其并没有对资金的合理来源提供充分有利的说明。最后法院仍以不符合常理为由,驳回了女方的诉讼请求。

说说法律与财务

在法学院学习时，公司法老师就让我们学习财务知识，学习以律师的身份研究公司财务报表。但当时我并未真正了解其内涵及用处，也没听懂老师对公司财务报表的分析及研读。自 2007 年从业以来已经十余年，我在工作中经常遇到与公司财务相关的事，但基本就是查阅其披露的公司债权债务关系、关联方资金往来及其他与公司经营相关的内容，从未深刻意识到法律与财务之间密不可分的关系。直到这次两家公司"分手"项目的处理。

一、起源

这是一个复杂的故事，故事的开始是这样的。一天，我收到顾问单位 A 公司法务主任的邮件，要求我起草相应的终止协议。她介绍背景说，这是财务提出的需求。终止的方案也比较简单：①终止与合作方 B 公司（境外公司）的《产品购买协议》与《委托管理协议》；②按市场定价方式与合作方 B 公司重新签署《产品购买协议》；③A 公司对 C 企业享有的权益出租给 B 公司使用，租金抵折旧；④终止《合资协议》；⑤其他要求。

先介绍一下 A 公司与 B 公司之间的合作模式（见图 8）。A 公司在境外设立了全资子公司 A1 收购了 B 公司的全资子公司 B1 在境外的一家工厂的 51% 的资产，并以该资产出资与 B1 共同合资设立了一家契约型企业 C 企业(此处与境内法律不同)。因工厂一直由 B 公司的另一子公司 B2 进行管理,所以 C 企业(签约主体是 A1 与 B1)又委托 B2 对工厂进行管理。

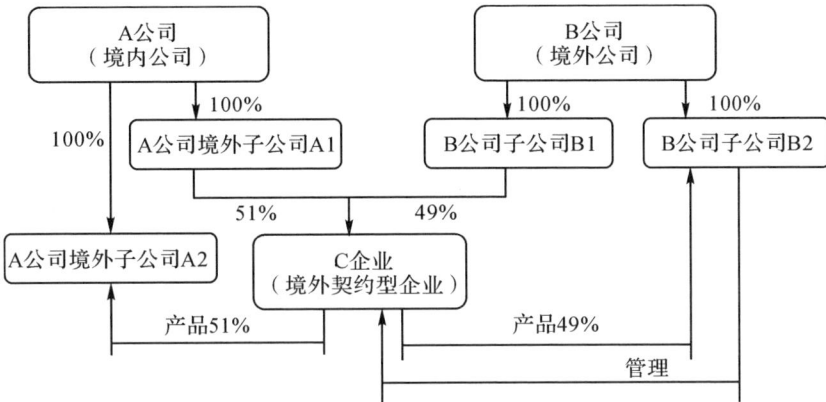

图 8　合作模式图

这个合作模式中,涉及的合同包括:①A1 与 B1 之间签署的《资产收购合同》;②A1 与 B1 为设立 C 企业而签署的《合资协议》;③A1、B1 与 B2 之前签署的《委托管理协议》;④A1、B1 与 A2 之前签署的《产品购买协议》,A1、B1 与 B2 之前签署的《产品购买协议》;⑤其他相关协议。

二、A 公司的财务诉求及法律处理

因为初步了解到前期双方的合作方式及合作过程中存在的一些纠纷,我并不意外 A 公司要终止双方的协议。在接到任务之初,我并不理解原有《产品购买协议》与按市场定价方式签署的《产品购买协议》有什么区别;也不了解在《合资协议》未终止的情况下终止《委托管理协议》,应如何管理 C 企业;也不了解 A 公司将其在 C 企业的 51% 的权益出租给 B 公司,租金抵折旧的真正含义。虽然不理解具体含义,但是依据终止方案,拟定《合作终止框架协议》并非难事(回过头再看我那份框架协议,内容基本准确,并没有跑题)。从法律上说,协议的终止无非是确定以下事务：协议终止的时间、财务上的清算、事务上交接、保密以及争议处理等。对于《产品购买协议》还需要确定未交货订单的处理；对于《委托管理协议》还需要确定委托管理协议终止后的工厂管理等事宜。

将《合作终止框架协议》发送给 B 公司后，A 公司的 CEO 组织了公司的 CFO 等财务人员、商务人员、法务（律师）人员等前往 B 公司进行终止事项的谈判。在出发之前，我并未实际了解第二天出行的具体任务。到了 B 公司，经双方介绍后，大概了解本次出行的原因及目标。因为 C 企业生产的产品由 A1 和 B1 按 51：49 的投资比例进行分配，生产成本（包含固定费用）也由 A1 和 B1 按 51：49 的投资比例承担。因为 A 公司的订单量与其在 C 企业的产能锁定存在很大的差距，因此 A 公司需要向 C 企业支付一笔固定费用，且该费用还在持续按月发生。按 A 公司目前对产品的需求情况看，订单量不可能进一步上升。只要双方合作没有终止，A 公司就需要按月支付该笔固定费用。现在财务面临的问题不仅仅是每月费用问题，而是季度及年度的审计问题。如果无法解决订单量或者固定费用的问题，审计机构将对该固定费用做一至三年的"费用计提"。这一计提的直接后果是，A 公司的财务报表上存在巨额亏损，继而影响公司的融资等一系列工作，乃至影响公司的正常运营。因此，无论双方花多少时间来完成终止谈判，终止的时间基本是确定的，即 A 公司财务报表能够承担的计提费用的上限。

三、B 公司的财务诉求及法律处理

B 公司明确表示，他们已经看过《合作终止框架协议》，现在就想了解，如果固定费用停止计付，那笔费用要怎么吸收掉？这是关于费用、产品价格计算及做账等的问题。

在双方的合作模式里，最终的产品定价＝产品原材料成本＋管理成本＋生产成本＋资本成本＋合理利润。《产品购买协议》约定了最低订单量，以确保工厂的正常运营。这部分订单量所对应的产品成本为固定成本，超过这部分订单量的成本为可变成本，且在一定范围内，超过的量越大,相对于产品的均价就越低。但如果最低订单量没有完成,则生产及管理成本等组成的固定成本不会发生太大的变化。因为 A 公司进行了产能锁定,就需要承担没满足订单量而产生的固定成本,即所说的固定费用。这笔固定费用记账为 A2 对 C 企业的应付款,进而由 C 企业按 51：49 记账为对 A1 和 B1 的应付款,最终成为 A 公司向 B 公司的负债。如果《委托管理协议》及《产品购买协议》终止了,B 公司将直接减少管理费用的收取,并且机器折旧、人员费用等生产成本是持续发生的,将由 A1 和 B1 按 51：49 直接负担。这对 B 公司而言,显然是一笔赔钱的买卖。

这里还有一个小插曲,据说当年订单量出现不足时,A 公司的财务并没有将固定费用计入公司报表。然后,B 公司跑过来一看,说:“不对呀,我公司的账上对你公司有一笔应收款,但你公司账上却没有这笔应付款,两家的账是不平的呀。你们要把这笔固定费用计入你们公司账中。”于是,双方翻开原来签署的一大堆合同,认真仔细研究了一遍,最后 A 公司财务才把这笔费用记入公司账务。记入之后,要挪出就不是那么容易的了。然后,就是到了审计。他们看到这么一笔费用,又认真研究了一下原来签署的那一大堆合同,得出结论:在现有《合资协议》、《委托管理协议》、产品的框架及已有订单量的情况下,固定费用是在未来必然要发生的款项,应在现在的公司利润中予以事先计提,这才符合现有会计准则及做账要求。而所谓的按市场价向 C 企业采购产品,按我的理解,就是采购方仅对产品及其价格负责,不对生产成本等事项负责。未购满最低订单量,仅承担违约金,而非固定费用。这也是 B 公司会问“终止后固定费用要如何吸收掉”的症结所在。

A 公司和 B 公司的问题需要得到实际解决。如果不解决,A 公司会受拖累,B 公司仅有一个对 A 公司的“应收账款”,也没有实际意义。C 企业一直由 B 公司管理,空置的产能与他们自己现有的订单需求也存在矛盾。妥善处理双方合作问题,是一件双赢的事情。于是 B 公司提出了自己的解决方案:先算个账,双方到底欠了多少钱。再评估一下双方关系终止后对工厂运营造成的影响。最后,双方再结算和交割一下。在此基础上,B 公司向 A 公司开具了一份对双方无约束力的《框架协议》。而这个框架需要解决许多财务问题。在 B 公司的《框架协议》中,明确了 A 公司需要再向 B 公司支付 20 个月(相当于近两年)的固定费用。关于这 20 个月的固定费用,B 公司解释说,双方合作终止涉及整个商业模式管理及运营的变化,他们预计需要 20 个月的时间重新调整工厂的运营,包括设备调配、人员调整及寻求新的业务订单等事宜。无论这 20 个月固定费用是否合理,这个提议首先就被 A 公司的财务否决了! 依据中国的会计准则,公司的账务适用权责发生制,即在本期内确定要发生的收入(已收到及未来应收到)、债务(已付及未来应付)均需记入本期账务内,而不论约定的付款期限是否已经届满。换言之,如果在年度内签署了终止协议,则在年度内仍需将 20 个月的固定费用予以计提,这意味着无法达到从财务角度终止双方合作的目的。另外一个问题就是,B 公司与 A 公司执行的会计年度是不一样的。《中华人民共和国会计法》(以下简称《会计法》)规定的会计年度是公历 1 月 1 日起至 12 月 31 日止。B 公司所在国的会计年度是公历 8 月 1 日至次年 7 月 31 日止,即 B 公司对于其当年 7 月 31 日之前的账务已经经过审计,是无法进行调整的。《产品购买协议》及《委托管理协议》的终止时间只能发生在 8 月 1 日之后。

方法总比困难多,最后经双方持续几个月的碰撞及商谈,终于妥善地解决了财务、利益等各方面问题,友好地达成了最终的协议。

四、关税中法律与财务的问题

这事还引发了一个关税的问题。A2 从 C 企业购得的产品最终由 A 公司的子公司 A3 进口到国内进行使用与销售(见图 9)。A 公司与 B 公司合作之初,A3 向 A2 进口了一批产品,并依据双方订单价格向海关缴纳关税。后 A3 一直未再向 A2 进口产品。A2 就此向 C 企业支付所谓的固定费用,并挂账应付款。后经海关审查,海关认为相应的固定费用系采购第一批产品而付出的成本,对于固定费用需要计收关税及进口增值税。

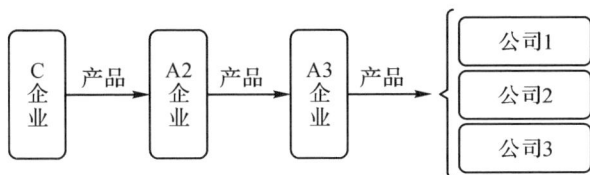

图 9　产品流线图

在与海关稽查人员的沟通中,我们向他们咨询要求补征关税或处罚的依据。他们说是依据《中华人民共和国进出口关税条例》(以下简称《进出口关税条例》)第十八条、第十九条等规定。

《进出口关税条例》第十八条规定,进口货物的完税价格由海关以本条第三款所列条件的成交价格以及该货物运抵中华人民共和国境内输入地点起卸前的运输及其相关费用、保险费为基础审查确定。进口货物的成交价格,是指卖方向中华人民共和国境内销售该货物时买方为进口该货物向卖方实付、应付的,并按照该条例第十九条、第二十条规定调整后的价款总额,包括直接支付的价款和间接支付的价款。《中华人民共和国进出口关税条例》第十九条规定,进口货物的下列费用应当计入完税价格:①由买方负担的购货佣金以外的佣金和经纪费;②由买方负担的在审查确定完税价格时与该货物视为一体的容器的费用;③由买方负担的包装材料费用和包装劳务费用;④与该货物的生产和向中华人民共和国境内销售有关的,由买方以免费或者以低于成本的方式提供并可以按适当比例分摊的料件、工具、模具、消耗材料及类似货物的价款,以及在境外开发、设计等相关服务的费用;⑤作为该货物向中华人民共和国境内销售的条件,买方必须支付的、与该货物有关的特许权使用费;⑥卖方直接或者间接从买方获得的该货物进口后转售、处置或者使用的收益。换言之,货物完税价格应该是货物进口前形成的成本。

海关稽查人员认为:A2 与 A3 系关联公司,所以 A2 为 A3 出口货物而支付的所有相关成本都应计入成交价格。A2 向 C 企业支付的固定费用就是为 A2 取得 51% 产能下的产品而支付的代价,应当属于进口产品的完税价格内容。他们的说法并没有说服我们。我们认为从事实上说,首先,按照现有的交易模式,第一批货物的进口成本已经涵盖了其所有的成本;其次,支付的固定费用系对未达订单造成对方损失的一种违约金,非产品生产成本;最后,只要双方合作不终止,该笔费用就会持续发生,如将该费用纳入已进口产品的生产成本,必将导致一个已经生产完成并进口的产品的生产成本是不确定的且为天价,这与实际不符。从财务角度来说,首先,公司的财务是将该费用计入"费用"科目,而非"产品成本",即公司将其理解为一笔与产品购买成本无关的费用;其次,如果将该部分费用计入产品成本内,那财务科目应当是生产成本,而非费用,就无须进行相应计提等事宜。这必将造成海关认定与会计准则之间的冲突。从关税征缴原则上说,关税的征缴依据实际交易价额,这个价格应该与实际发生的价格及公允市场价相关;《进出口关税条例》等规定对应当计入完税价格的事项及不应计入完税价格的事项进行了严格的规定,无非是担心申报方通过各种手段规避应报完税价格。反观 A3 公司已进口产品的报关价格是实际发生的价格,且不低于市场公允价,从这个角度看,固定费用也不应计入完税价格。

　　虽然最后双方还是以补税的方式处理了这个纠纷。但是,在我们与海关稽查人员交流的过程中,我们明显感觉到他们对这个事情态度上的变化。在刚开始时,他们强硬地认为,公司的行为就是在逃税,公司的任何辩解都说明其态度有问题。经过我们的论述,他们表示其实这个案件并不是他们说了算的,还需要经过很多部门、很多同事的论证,才能得出最终结论,他们会将我们的意见带回去。

五、财务与法律之感

　　实践中有很多问题可以在法律上轻易得到解决,但是不得不面对财务上的障碍。财务承受不了的负担,才是真正需要解决的负担。协议终止在法律上签署了就生效了;但签署后,成本如何分配,账务如何处理,便涉及财务问题。管财务也就是管钱。一个企业如此,一个国家也是如此。银行是最早实现实名制的领域,也是监管最为严格的地方,也是最为安全的地方。

在上市公司中,财务负责人是公司高管,但法务负责人却不是。管住了"钱",很大程度上也就管住了"人"。在一个公司的收购中,收购方不仅应该关心股权比例分配的问题,还应该关心财务负责人的提名与指派。

这是一个亲身经历的故事:我向某一客户收取常年法律费用,该客户因急需律师处理各项事务,便在顾问合同上写了一个金额。到付款时却被投资方派遣的财务主管拦下了,认为该款项金额过高,要求降价或分期支付。于是各方不得不开始多方工作,修改合同的服务内容及支付方式,以满足财务主管的要求。我以前总认为,签署了合同就万事大吉了。其实不然,"钱"才是合同的根本。

还有一个亲身经历:有一次,公司业务员拿了一个说明来请我看。说明内容是要将公司在对方处的 10 万元保证金转为租金。我和他说:"这主要取决于公司的做账需要,原来 10 万元保证金在对方账上记'应付款'科目,说明后可以直接记入'收入'科目了。不过,为了把这个事情说清楚,建议双方签订协议,签署后各持一份。"在协议中款项的性质与公司的财务处理是直接相关的,是押金、保证金,是货款,还是违约金。它们在公司财务账目中所处的科目是不同的,收到"押金、保证金"从现实意义中是要返还的,最终将会落在公司资产负债表的"其他应付款"科目;收到货款是业务收入,最终将会落在公司利润表中的"经营收入"科目;收到"违约金"是营业外收入,最终将会落在公司利润表中的"营业外收入"科目。这些都直接影响公司的经营情况,即业绩。一个公司的财务报表在对外融资时显得尤为重要,银行、投资者都会需要公司提供当季的财务报表。公司要公开发行股票并上市,三年及一期的财务报表要符合相应规范的要求。

法律是财务做账的基础,协议中的一个用词可能决定公司账务的整体情况。财务最终又决定了法律的选择与适用,在拟定协议时要考虑财务方面的现实可行性等问题。但归根结底,无论法律还是财务,都为现实生活服务,都是为了将社会各主体的行为以更为准确的表述确定下来。之前和一名资深审计师交流过,他提到,虽然法律和审计都是专业人士,但却存在很大不同——法律是刷墙,可以随便使劲;但是审计是刷天花板,用的是虚力。法律基本是为客户服务的,而审计是为社会服务的。法律服务的依据是法律条文和客户利益,审计的唯一标准就是会计准则。

这就是法律与财务!

说说法律与税务

这是一个很有意思的案例。

张某某及其所在的团队主要从事技术咨询方面的事务,并挂靠某科技型咨询中心(其性质为事业单位)来对外开展业务。相应的业务额按9∶1的比例由张某某团队成员与咨询中心进行分成,发票等相应税务问题由咨询中心予以处理。但各方未签署任何正式的书面协议。张某某作为经办人,在项目款项到账后由张某某确定金额,在咨询中心的审批表"经办人"处签名后,咨询中心以"咨询津贴费"的名义用现金支票的形式向张某某支付相应款项。张某某收到款项后再支付给相应的团队技术人员。2014年,咨询中心受到税务稽查部门稽查。在稽查过程中,咨询中心及税务稽查部门均未与张某某联系。2016年,税务稽查部门向咨询中心开具了《税务处理决定书》及《税务处罚决定书》,以咨询中心在2011年至2013年期间未依据《中华人民共和国个人所得税法》进行个人所得税代扣代缴为由,要求咨询中心限期补扣个人所得税近500万元人民币,并对其未依法代扣代缴的违法行为处以240万元的罚款。2018年12月,咨询中心以不当得利为由向人民法院提起民事诉讼,要求张某某向其返还为其代缴的税款近60万元人民币及相应利息。

案件看起来并不复杂。从钱款金额上算,合同金额一共约为240万元,咨询中心取得24万元,张某某分得216万元。依据税务稽查部门的决定,这216万元应缴纳个人所得税60万元。因咨询中心未代扣代缴这60万元的税款,需要由咨询中心进行补扣。咨询中心向税务部门代补缴了相应款项,向张某某追缴也属情理之中。由此,法院刚开始时适用简易程序进行审理。第一次开庭前,助理审判员问道:"你们的争议焦点是否为张某某领取的款项是税前还是税后?"第一次庭审中,审判员总结的争议焦点是:相应的税款应由哪一方来承担?

咨询中心一开始向法院提交了2011年至2013年期间与张某某相关的业务合同(总业务金额为近300万元人民币)、其自行制作的账务凭证、张某某的领款证明和《税务处理决定书》作为证据。但因《税务处理决定书》系对咨询中心的全部未代扣代缴的金额的统一处理,并没有涉及具体张某某应代扣代缴的内容。依据咨询中心现有证据材料,作为张某某的代理人,我们认为,因处理决定书与张某某的行为没有直接的关联性,咨询中心的诉求很难据此得到法院的支持。然而意料之外的是,咨询中心在开庭前向法庭提交了与张某某相关的税务稽查部门的稽查底稿。其中,包括与张某某相关的税务鉴定(由咨询中心签署同意)及咨询中心的相应账务情况。虽然我们极力想说明,税务部门稽查的张某某系咨询中心账面上的张某某,而非现在的被告张某某。但当庭好像并没有什么效果。庭审结束后,审判员很坚定地说:"事实是明摆着的,咨询中心一共获益24万元,税款要缴60万元,你们说税款应该由谁来承担呢?"看起来,张某某似乎逃不了向咨询中心补税的命运。

然而直觉告诉我们,这样的逻辑肯定是有问题的。作为经办人,张某某收到的款项并非个人所得,而且税务机关在认定张某某的款项及应纳税额的过程中,均未听取张某某的陈述与申辩,仅仅通过所谓代扣代缴人的陈述,便确定了张某某应承担的税款。那么,张某某作为一名实际纳税人的权益并未得到保障。如果法院判决张某某需要向咨询中心支付相应税款,则张某某作为法院认定的实际纳税人可以拿着法院的判决书,要求税务稽查部门对原稽查程序进行重新审查。如税务稽查部门重新审查原有案件,那么法院的判决书便无依据。这样将形成一个矛盾,是一个无解的循环。虽然庭审结束了,但我们查明事实真相、厘清法律关系的脚步并没有停止。另外,税务部门仅是对咨询中心账务进行一个税收征缴行为,张某某是否需要承担各项税务,还需要剖析张某某与咨询中心的法律关系。依据现有情况,我们认为咨询中心弄虚作假,其每人每次不超 800 元,只提供身份证复印件和领款人签名清单,未经审核开具现金支票(《稽查报告》第 2 页)的行为足以说明张某某领取的款项的相应税款由其进行处理并承担,其向张某某支付的相应款项即为税后净得。

为了了解税务稽查部门处理的过程和依据,我们联系了税务部门的朋友进行非正式咨询。税务部门的朋友听完我们对案情的介绍后,做了三方面的回答:①单位代扣代缴的个人所得税,实际纳税人应当向代扣代缴人支付,这个具有法律依据和基础;②张某某如果是经办人,那么不应该是个人所得税的实际纳税人;③税务部门应该对张某某的身份进行确认。

之后,我们向法院提出了《关于提供反驳证据的申请》以了解税务稽查部门的处理过程。当然,我们也向法院提交了代理词(详见本文附文)等文件,将我们对案子的理解及观点进行了清楚的阐述。2018 年正处于国家税务部门与地方税务部门进行合并的时期,出具《税务处理决定书》的部门也发生重大变化。几经周转,拿着律师证及单位介绍信来到税务部门的档案室,我们发现到税务部门调查取证并没有原来想象的那么困难,里面的工作人员热情地接待了我们,并告知我们调档所需的资料及相应审批流程,办理相应手续后告知我们等候通知。当然,审批在时间上具有不可控性。虽然我们最初前往税务稽查局前并不确定能得到什么结果,但事实证明,一切都是有意义的。

几天后,我们接到了税务稽查部门的电话,通知我们可以查阅相应档案了。他们的案卷还原了这个稽查故事:2011 年至 2013 年期间,咨询中心以挂靠的方式对外向个人支付的费用近 2000 万元人民币,涉及人员近 50 人,而且每个账面领取款项的人员后面似乎又牵涉到几人至几十人及多家项目单位。因为时间跨度较大、人数较多、收款人身份及款项难以确定,税务稽查部门仅对其中 1 名人员进行了全面调查,包括询问当事人,调取其银行流水,询问项目单位、项目实际实施人员等;并对其中 5 名人员进行了询问。剩余 40 余名人员所收取的款项性质及应纳税额则仅依据咨询中心的账目情况及咨询中心的情况说明进行确定。税务稽查部门在稽查报告中也承认本案的难点主要在于咨询津贴费中真正参与项目的劳务人员报酬和项目实际发生的费用无法确定,因而影响到检查定性处理。由于本案涉及人员较多,时间跨度大、地域范围较广,项目数量多,案件调查取证工作量相当大,检查组对案件的定性、取证及走向存在疑问,最后经反复认证,综合各方面因素,确定了该50名项目负责人为个人所得税纳税义务人,支付给项目负责人咨询津贴费作为计算依据,确定每人应扣缴的个人所得税。在违法事实经被查单位(咨询中心)鉴证无异议的情况下,依据被查单位的账务情况出具相应处理及处罚决定。我们将稽查报告作为反驳证据提交给了法庭,以确定我们对咨询中心提供的与张某某相关的稽查底稿的合法性、关联性存在异议,并向法庭争取到了一次难能可贵的新的开庭机会。

本案还未得出一审结论。但其中法律与税务的关系却是耐人寻味的。履行纳税义务是每个公民及企业应当履行的法定义务。

附:本案《代理词》

××律师事务所接受张某某委托,指派×××律师作为张某某的委托代理人,参与了本案的开庭审理。经法庭调查及举证质证等程序,依据现有法律及事实情况,特向法庭提供本代理词作为庭审的补充。我们认为:无论从程序上,还是从实体上;无论从事实上,还是法律上,原告要求被告返还税款的诉讼及诉请均不成立,请求贵院予以驳回。

具体事实与理由陈述如下:

1.从程序上说,张某某作为本案被告系主体不适格。张某某并非原告所说的外聘专家,其仅是相应事务的"经办人",未向原告提供过技术咨询服务,不存在应缴"劳务报酬"个人所得税之说,原告向税务部门缴纳的相应税款并非为张某某缴纳。因而,原告要求张某某返还其代为扣缴的"个人所得税"系主体不适格,应当驳回起诉。

2.本案的案由也不应为"不当得利"。"不当得利"系没有法律及合同依据,一方获得利益而另一方导致财产损失的民事法律行为。而本案中,原告"代扣代缴个人所得税"系《税收征收管理办法》等法律确定的法定义务,原被告之间的关系并非没有法律依据,由此将本案的案由确定为"不当得利"是错误的。

3. 从实体上说,张某某不是劳务报酬的获得者,也未从咨询中心补缴税款中获益,无须向咨询中心返还任何税款。

首先,税务部门现仅系依据咨询中心的记账情况认定其对张某某的账面支付款项存在"未代扣代缴个人所得税"的违法行为,由此补缴相应税款。但,该认定并非对张某某与咨询中心的真实法律性质及相应税款及事实的承担方进行的最终认定。张某某是否承担缴税义务,以及适用的税率等事实问题,还需由张某某与咨询中心的法律关系及业务性质进行最终确定。

其次,张某某并非咨询中心的外聘专家,其仅是咨询中心相关业务的"经办人"(原告提供的证据一中相关审批表内容可以确定该事实情况),也未为咨询中心提供过任何直接劳务服务,更不存在应缴"劳务报酬"个人所得税之说。

再次,张某某也不可能从咨询中心的补缴行为中获益。无论是咨询中心的做账行为,还是税务部门的稽查行为,张某某均无参与,也未进行过任何陈述与辩解。税务部门也未向张某某核实过相关情况,也未给予张某某任何的陈述及辩解的机会,甚至连《个人所得税汇总清单》中都无张某某的身份证号码等身份信息。对张某某而言,何谈获益之说?经咨询税务部门相关工作人员,其表示税务部门在该案稽查中未确认张某某的身份存在瑕疵。

最后,咨询中心向税务部门代扣代缴所得税款项后,张某某在税务部门并没有相应的缴税记录。也就是说,无官方正式文件可以确定张某某从咨询中心被税务部门追缴税款过程中获益。

4. 本案咨询中心补缴的税款系其应承担的经营风险,且系其自行错误账务处理及对稽查决定单方认可的结果,理应由咨询中心承担。

首先,咨询中心向张某某支付的相应款项并没有书面协议说明是税前还是税后款项,作为代扣代缴机构,其无相应证据证明该税款为税前款,应当将该等款项推定为税后款项。

其次,税务部门出具的《处罚决定书》表明:"一、违法事实:1、……(咨询中心)已代扣代缴个人所得税32099元。"即咨询中心清楚了解其应履行代扣代缴个人所得税的事实情况,并且已经履行了部分的代扣代缴义务。咨询中心在清楚了解相应的法律风险及法律后果的情况下,仍将相应的款项支付给张某某,已经表明由其承担相应税收风险的事实。这与双方建立合作关系时的双方口头约定一致。

再次,依据现有财务实践,张某某所领取的款项应由相关专家提供由税务部门代为开具的劳务发票(据了解该发票的税率约为 2%)后予以结算,并载入财务账册。换言之,即便咨询中心从张某某处留取的款项为总合同金额的 10%,也完全可以覆盖张某某业务的全部税费。这也是咨询中心愿意与张某某进行合作,并将 90% 的款项直接向张某某支付的原因。但咨询中心财务人员并非依据前述方式进行记账并直接将相应款项支付给了张某某,该账务处理方式不当最终构成了违法行为。即,《税务处理决定书》《处罚决定书》系咨询中心财务账务处理错误导致的违法行为。

咨询中心所确认其收取的 28.8 万元也系其为了承担相应风险而留取的费用,即便该费用不能覆盖相应补缴税款,也是其经营决策过错导致的经营亏损,该亏损不能转嫁至张某某个人身上。

最后,咨询中心在税务部门的《稽查签证》上单方确定鉴证意见"同意、属实",并未提出任何的异议及"申辩";对于税务部门的《税务处理决定书》《处罚决定书》也未提出任何的异议,也未向张某某进行过任何形式的沟通,是其自担税务风险的表现,相应法律后果理应由其承担。

5.如法院判决张某某需向原告返还所诉税款,系审判权对税收征收的行政权的取代。

本案原告的诉状及提供的证据表明该案系行政执法引起的民事诉讼,属于民、行交叉的案件,标的不大,但是示范作用很大。若贵院在被告未经税务行政机关依法处理的情况下,认定其要支付税款(本案是返还不当得利款),则意味着当事人可以不需要行政机关按照相应的行政管理法律规定的程序而直接被审判机关追究,即审判权取代了行政执法权,从而剥夺了当事人依法享有的申辩权、复议权、行政诉讼权等作为行政相对人应当享受的权利。这将颠覆现行整个行政管理、民事主体的权利义务的基本法治制度。而如当事人拿着贵院的判决书向税务行政机关主张复议、要求听证,直至行政诉讼,更是××司法界的笑谈。

综上,无论从程序上,还是从实体上,无论从事实上,还是法律上,原告要求被告返还税款的诉讼及诉请均不成立,请求贵院予以驳回。

以案例说公司设立、PE 融资中的法律问题

　　客户涂某来到我的办公室,说其要与贾某共同投资设立一家幼儿培训类公司。她说贾某已经在幼儿培训领域打拼几年了,具有丰富的经验,涂某自身则有融资的资源与渠道,新公司设立后,她们会一起融资。"种子轮""A 轮"的投资者已经基本谈成。其中,"种子轮"的投资者以现金投资 100 万元,投资后持公司 20％的股权,现已将 100 万元的投资款打入贾某个人账户;"A 轮"的投资者以装修款投资,预计装修款 300 万元,投资后持有公司 10％左右的股权。现在投资者就等公司设立后办理各项手续。至于涂某、贾某的合作,双方已经基本达成一致,公司设立时的注册资本为 100 万元,涂某持 49％的股权,贾某持 51％的股权,公司由贾某运营。"种子轮""A 轮"的投资者进入后,公司的估值可以直接上升至几千万元。当然,贾某之前运营的资产需要全部装入公司,除新公司业务外,不得进行同类业务的经营与投资。公司已经租赁了场地,并由投资者开始装修。涂某需要律师将涂某、贾某就投资者之间的关系用协议进行固定,并对公司的运营进行法律规范,以便更好地引入其他投资者。

　　这是目前流行的 PE 投资案例。看似简单的合作,其实会涉及公司设立架构、资产收购、公司增资、债转股等一系列法律问题。首先,须解决涂某与贾某之间关于公司设立、资产装入等事宜。那么,问题来了,贾某之前的资产包括哪些? 资产的价值是多少? 如何将贾某的资产装入新注册的公司,以贾某实物出资的方式,还是以公司成立后通过新公司

购买的方式？新公司注册资本的支付如何安排？其次，需要解决公司投资者进入公司的事情。包括投资者以货币投资的方式如何进入公司，投资者以装修款投资的方式如何进入公司等问题。最后，还需要解决公司运营中的问题，对新公司的场地租赁、装修、人员管理等事宜进行处理。

问题要一个一个地解决。

贾某之前的资产包括哪些内容？当我们通过调查清单向贾某索取相关资产材料后，基本了解了其资产主要包括：两家幼儿培训类公司，但两家公司的净资产均为负。两家公司主要资产情况为：一个注册商标、一个微信公众号、一个网站、与某知名网站的一份合作协议及部分办公桌、电脑等办公设备设施。

资产的价值是多少？可由双方协商定价，也可请第三方评估公司进行评估确定。

资产如何装入新公司？因为贾某两家公司的债权债务不清且资产存在分散性和难以估价性等因素，我们建议通过新设公司对贾某原公司进行资产收购的方式装入。在资产装入过程中，还需要考虑贾某原公司人员进入新公司的安置等事宜。资产装入后，贾某需注销原公司，并对竞业限制等内容进行承诺。

注册资本的出资方式及出资时间该怎样安排？依前所述，如贾某原资产通过新旧公司交易方式装入，则需涂某与贾某通过货币的方式分别出资。因为新公司房屋租赁、后期运营均需要资金，由此在公司设立后，应到位部分注册资本。因贾某持有投资者 100 万元投资款，其问道："能否用该投资款先行注册？注册完成后以股权转让的方式使投资者持有商定的 20% 股权。"这个问题关系到资金进入公司的方式是股权转让还是增资扩股。从法律上讲，贾某的方案选择了股权转让的方式引入资金，该方案具体表现为以下法律关系：①涂某、贾某向投资者借贷 100 万元的法律关系；②涂某、贾某用 100 万元向公司出资的法律关系；③涂某、贾某与投资者进行部分股权转让的法律关系；④投资者向涂某、贾某支付的股权转让款与涂某、贾某向投资者借款进行抵消的法律关系。这样的方案存在如下问题：①投资者通过股权转让的方式进入公司，其所投资的资金未进入公司而由原股东收走，可能与投资者投资公司的本意存在不一致;②投资者系以溢价的方式取得股权,原自然人股东涉及溢价部分 20％的所得税问题;③投资者一般不愿意投资一家原股东没有实际出资的公司。是否同意该方案需由贾某与投资者最终协商确定。

投资者以货币投资的方式如何进入公司？如前所述,投资者可以以股权转让的方式进入公司,但存在投资资金不带入投资公司、需要缴纳税费等方面的问题。投资者还可以通过增资扩股的方式进入公司。这就涉及公司估值、投资者持股比例、扩股后公司注册资本等方面的问题。以涂某合作方案为例,公司原注册资本为 100 万元,投资者再投入 100 万元,其持有的股权依据其投资额与公司价值的比例进行确定。如公司估值为 500 万元,投资者持有的股权应为 20％。这时,公司的注册资本应当为 125 万元,即投资者 100 万元的投资资金,25 万元为注册资本金,75 万元进入公司资本金,由新老股东共同享有。虽然原股东的股权也升值了,但没有进行分红等事宜(暂不涉及税费问题)。当然,在公司前期可能不需要直接对公司进行估值,而由原股东与投资者直接谈定持股比例。

投资者以装修款进行投资,如何进入公司？装修款系投资者(装修公司)对公司进行装修后形成的债权。投资者以装修款进行投资,实质上是以享有的债权对公司进行投资,系债转股的法律问题。按照现有法律的规定,债转股只能按增资扩股的方式进行,主要程序为:先经过审计确定债权,再经过评估确定债权价值,最后进行内部决议,依法办理手续。如装修公司以其 300 万元的装修款对公司进行投资,取得公司 10％的股权,则公司估值可确定为 3000 万元。

综上,涂某、贾某设立公司并引入投资者的过程涉及的协议包括涂某、贾某设立公司的投资协议,新公司与贾某原公司的资产收购协议及其附属协议,涂某、贾某与货币投资的投资者的投资协议,新公司与装修公司的装修协议,以及涂某、贾某等股东与装修公司的债权转股权协议等法律文件。

在相关法律架构基本确定,且相关文本基本拟定完成时,涂某、贾某却因各方面原因无法继续合作。其中的一个问题便是贾某原有资产的估值出现了问题。

以贾某对双方合作的理解,其系直接以全部资产作为出资,形成51％的股权,不需要任何其他资金的支出。换言之,贾某原有资产的价值至少为 51 万元人民币。而在涂某看来,贾某资产的价值并不大。无论从资产的实际情况看,还是从作为实际经营人的角度看,其都应当在注册公司时投入一些自有资金。

这让我想起了之前遇到的一个小故事:我在整理一家顾问单位的规章制度时,发现其制度里规定了一条:食堂为员工提供午餐,每人每餐 3元。这是个很低的价格。我与公司负责人探讨这个金额,问道:"午餐价格这么低,为何不干脆算作员工福利,免费为员工提供呢?"负责人回答:"律师,您是不知道,公司最早之前就是免费提供的,但是免费的东西员工就不珍惜了,饭菜倒得到处都是,浪费很严重。公司也想了很多办法,贴告示、开会教导等,基本没有效果。现在,让每个人出点钱,效果好多了。"我想,或许这就是钱的价值与魅力!

草拟好的投资协议等文件最后变成了终止合同协议。设立的公司由贾某接盘,对于前期投入的房屋租金、押金及装修费等费用由双方协议分割。投资者的款项由贾某予以返还。

虽然合作最终没有成功,但是该案例体现的对律师的考验却是综合而全面的。

浅谈企业的融资方式

——银行间债券市场融资[①]

资金是企业生存与发展的基础。自 2011 年起,由于民间高利贷、担保圈信用危机等,以浙江地区为主的民营企业不断爆出债务危机,更出现了杭州地区 600 家知名民营企业联名上书求助政府的窘境。如何解决民营企业融资难问题成为政府迫切需解决的一道难题。

一、引言

从传统意义上讲,企业主要通过银行贷款、民间借贷、发行债券、私募股权(PE)及发行股票并上市(IPO)等方式进行融资。就当前经济环境而言,银行贷款对资产状况、现金流等要求过高;民间借贷又存在高成本、高风险的问题;而发行股票需面对股市低迷、准备时间长、难度大等难题,民营企业似乎很难找到一个畅通、安全、有效的融资渠道和平台。

为解决中小企业融资难问题,建立多层次金融体系,国家积极推动债券市场的发展(见表 1)。其中,中国人民银行于 2008 年在银行间债券市场推出了非金融企业债务融资工具,为非金融企业融资提供了工具和平台。

---

① 本文完成于 2012 年,因银行间债券市场融资仍是企业融资的一个途径,由此将本文收入本书。

表 1　社会融资规模统计表（2012 年 6 月、7 月、8 月）　　　　单位:亿元

序号	项目	6 月	7 月	9 月
1	人民币贷款	9198	5401	7039
2	企业债券（各类债券）	1982	2486	2584
3	非金融企业境内股票融资	246	316	208

注:①社会融资规模是指一定时期内实体经济从金融体系获得的资金总额,是增量概念。

②数据见中国人民银行网站:http://www.pbc.gov.cn/publish/html/kuangjia.htm?id＝2012s18.htm。

二、银行间债券市场概述

银行间债券市场是银行间市场的重要组成部分,由中国人民银行于 1997 年主导成立,主要用于商业银行、农村信用联社、保险公司、证券公司等金融机构进行债券买卖和回购。2008 年,中国人民银行颁布《银行间债券市场非金融企业债务融资工具管理办法》,允许非金融企业（包括具有法人资格的民营企业、中小微企业等）在银行间债券市场发行债务融资工具,形成了一个非金融企业债券发行及交易的场外市场。

债务融资工具是指非金融企业依据不同规则发行的债券,主要包括中期票据（MTN）、中小企业集合票据（SMECN）、短期融资券（CP）、超短期融资券（SCP）、非公开定向发行债务融资工具（PPN）,以及 2012 年 8 月刚推出的资产支持票据（ABN）等（相关债务融资工具在 2012 年 8 月及相关年度的发行情况见表 2）。

表 2　银行间债券市场债务融资工具发行情况表　　　　单位:亿元

年份及数量名称	2012 年 8 月		2012 年 1—8 月		2011 年度	
	次数	发行量	次数	发行量	次数	发行量
短期融资券	0	0.00	2	300.00	395	5190.50
中期票据	44	1102.90	313	4890.70	407	7269.70
集合票据	1	1.50	24	55.10	17	52.34

注:①资料来源于中国债券信息网 http://www.chinabond.com.cn/d2s/index.html。

　　银行间债券市场由中国银行间市场交易商协会自律管理,在银行间债券市场发行债务融资工具需在交易商协会注册,但程序相对比较简单。银行间债券市场债务融资工具的发行利率、发行价格和所涉费率以市场化方式确定。依据非金融企业的信用评级情况,一般发行利率为4％—6％,很多时候低于银行贷款利率(详见表3)。

表 3　中票、短融发行利率情况表

债券评级	1 年	3 年	5 年
重点 AAA	4.33％	4.59％	4.74％
AAA	4.46％	4.77％	4.92％
AA＋	4.87％	5.29％	5.56％

　　注:资料来源于《非金融企业债务融资工具注册发行工作介绍(苏海超 20120828)》,详见 http://www.doc88.com/p—989628349715.html。

　　截至 2012 年 7 月末,非金融企业债务融资工具余额达到 3.59 万亿元,占我国企业直接债务融资规模的 60％,银行间债券市场成为我国企业直接债务融资的主板市场,越来越受非金融企业的欢迎。

三、债务融资工具的种类

(一)中期票据(MTN)

　　中期票据是指具有法人资格的非金融企业在银行间债券市场按照计划分期发行的,约定在一定期限内还本付息的债务融资工具。中期票据一般为无担保债;期限多在 3—5 年间;募集资金主要可以用于补充流动资金、置换银行贷款、支持项目建设和战略并购等。

　　2012 年 7 月 19 日,浙江恒逸集团有限公司在交易商协会注册中期票据,注册金额为 12 亿元。该 12 亿元注册资金计划分两次发行,首次发行规模为 6 亿元,期限为 5 年,票据信用评级及企业信用评级均为 AA,发行年利率为 6.13％;第二期发行规模为 6 亿元,期限为 5 年,拟于

2013 年第一季度发行。首期发行的 6 亿元中,3 亿元用于补充公司的流动资本,3 亿元用于偿还银行贷款。

(二)中小企业集合票据(SMECN)

中小企业集合票据是专门为中小企业设计的一项债务融资工具,指 2 个(含)以上、10 个(含)以下具有法人资格的中小非金融企业,在银行间债券市场以统一产品设计、统一券种冠名、统一信用增进、统一发行注册方式共同发行的,约定在一定期限内还本付息的债务融资工具。

中小企业集合票据是一次注册、一次发行;任一企业集合票据的待偿还余额不得超过该企业净资产的 40%;任一企业集合票据募集资金额不超过 2 亿元人民币;单只集合票据注册金额不超过 10 亿元人民币。中小企业须依据《工业和信息化部、国家统计局、国家发展和改革委员会、财政部关于印发中小企业划型标准规定的通知》(工信部联企业〔2011〕300 号)确定。

2012 年 9 月 6 日,浙江省诸暨市 2012 年度第二期集合票据在交易商协会发行注册,注册金额为 3.2 亿元,具体分配为:浙江山下湖珍珠集团股份有限公司 1 亿元,浙江富润印染有限公司 0.6 亿元,浙江省诸暨申发轴瓦有限公司 0.5 亿元,浙江诸暨第一百货有限公司 0.7 亿元,黑猫神日化股份有限公司 0.4 亿元。

(三)短期融资券(CP)

短期融资券,是指具有法人资格的非金融企业在银行间债券市场发行的,约定在 1 年内还本付息的债务融资工具。短期融资券的期限一般不超过 1 年,且一般情况下为无担保债券;募集资金主要可以用于补充流动资金,置换银行贷款。

2012 年 6 月 15 日,浙江尖峰集团股份有限公司在交易商协会注册了 4 亿元短期融资券,首次发行 2 亿元,发行人主体信用级别为 A+,本期短期融资券债项信用级别为 A-1,年利率为 6.3%,募集资金用于置换银行贷款,补充流动资金。

(四)资产支持票据(ABN)

所谓资产支持票据是指非金融企业在银行间债券市场发行的,由基础资产所产生的现金流作为还款支持的,约定在一定期限内还本付息的债务融资工具。基础资产是指符合法律法规规定,权属明确,能够产生可预测现金流的财产、财产权利或财产和财产权利的组合。资产支持票据是银行间债券市场推出的新的债务融资工具。

资产支持票据的特点为基础资产不得附带抵押、质押等担保负担或其他权利限制。

2012年8月6日,交易商协会接受上海浦东路桥建设股份有限公司、南京公用控股(集团)有限公司、宁波城建投资控股有限公司三家企业的资产支持票据注册,三家企业的注册额度总计为25亿元。

(五)非公开定向发行债务融资工具(PPN)

非公开定向发行债务融资工具,又称定向工具,是指具有法人资格的非金融企业,向银行间市场特定机构投资人发行,并在该等特定机构投资人范围内流通转让的债务融资工具。

定向工具注册后可分期发行,首期发行应在注册后6个月内完成。发行的对象应是特定机构投资人(又称定向投资人),并在这些定向投资人范围内流通转让。

2011年4月定向工具规则发布后,2011年5月初三家企业率先以非公开定向方式在银行间市场发行了130亿元的中期票据。2012年3月16日,红豆集团有限公司在交易商协会定向工具的注册金额是3亿元。

四、债务融资工具的发行程序

(一)发行前准备

债务融资工具的发行需要承销机构、信用评级机构、会计师事务所、担保机构(如需)及律师事务所等中介机构的服务。其中,承销机构主要帮助企业完成债券发行准备、承销、信息披露及本息兑换等工作;信用评级机构主要负责对发行主体及债务融资工具信用等级的评定工作;会计师事务所需对发行人的三年及最近一期财务进行审计;律师事务所需对发行人的主体、发行程序出具法律意见书及法律工作报告。

在发行前,企业应当确定承销机构等中介机构,由各中介机构尽职调查后确定发行的债务融资工具种类、融资额、内部决议等事务,并准备发行公告、信用评级报告,跟踪评级安排,还要准备募集说明书、法律意见书、审计报告等文件。

(二)发行注册

企业发行债务融资工具须先向交易商协会进行注册。注册文件包括:债务融资工具注册报告(附企业《公司章程》规定的有权机构决议),主承销商推荐函及相关中介机构承诺书,企业发行债务融资工具拟披露文件,证明企业及相关中介机构真实、准确、完整、及时披露信息的其他文件。

在银行间债券市场发行债务融资工具,一般要求发行企业债务融资工具待偿还余额不得超过其净资产的40%。发行注册有效期为2年,可一次注册,多次发行,但首次发行应当在注册之日起2个月内完成。债务融资工具的募集资金应用于符合国家相关法律法规及政策要求的企业生产经营活动。

（三）发行后事务

注册后的债务融资工具通过承销机构以市场化方式确定发行价格进行发行，发行登记后的债务融资工具可以在银行间市场进行交易。

企业在债务融资工具发行过程中及发行后，应按照交易商协会相关规则，对企业相关情况，包括企业财务情况及企业重大事项等，在中央债券信息网及中国货币网进行披露。

债务融资工具发行后，须按约定定期付息；债务融资工具到期后，须按约定进行兑付。

五、小结

银行间债券市场经过几年的发展，非金融企业债务融资工具的种类越来越丰富，融资额度在社会融资总量中的比重越来越大，在金融品种创新及帮助解决企业融资困难中起到重要作用。尤其是短期融资券、中期票据、中小企业集合票据，为中小企业融资提供了重要的融资渠道和平台。

简述常年法律顾问之合同处理

　　合同的起草、审查与修改是常年法律顾问经常性、基础性的事务。一家新设的公司，首先需要律师过目的可能是租房合同或者工程（设计）建设合同。业务合同的类型与顾问单位的所处行业及企业性质等密切相关。通常情况下，生产型企业的主要业务合同包括原材料的采购合同与产品的销售合同；服务型企业的业务合同包括服务合同。在起草合同，审查、修订合同及合同纠纷处理的过程中，会出现不同的问题，应以不同的方式予以处理。

一、订不订立书面合同——以货款纠纷为例

　　订立合同是为了明确交易各方权利义务关系，是为了促进和保护交易双方的交易安全。那么，企业在交易时是否都需要签署书面的正式合同呢？答案是肯定的。在通常情况下均建议签署正式的书面合同。古人也云："口说无凭，立字为据。"

　　有人会问："谈合同需要时间、人力、物力方面的成本，有时候花了大力气把合同谈成了，商业机会却丢失了，岂不是得不偿失？"如果是短时间内就可以完成的小金额交易，不签订合同在一定程度上是可行的。一个电话，一批货就送到了，查验没问题，付完钱，一个交易就结束了。即便有少许问题，交涉一下也解决了。退一万步说，即便交涉无果，大不了

也就是损失了，不会伤筋动骨。但是，如果涉及的是较大金额的交易，或者交易过程比较长，或者交易比较复杂，订立合同就显得尤为重要。如果不幸在履行过程中，遇到行情变化，或者产品、服务质量出现问题，或者交接没有顺利进行，双方可能就付款等事宜发生纠纷。生意初始，双方都是客气与善意的，相应的谈判相对比较容易。产生纠纷后，各方可能据理力争，处理纠纷所花费的时间、人力、物力等往往会比订立一个合同多很多。

有人会问："订了合同就万无一失了吗？为什么还有那么多的合同纠纷在法院处理？"合同是对双方权利义务的安排，是使未来不确定的事务尽可能确定。但是，任何人都不可能知晓未来会发生的全部事务，合同也不可能详细约定所有可能发生的事务。可以确定的是，有了合同，很多事情就可以说清楚，争议就会少很多，也便于纠纷的处理。

有个做轮胎生意的朋友郑某，和山东的一家供应商老板是要好的朋友。双方生意往来已经十余年，从来未签订过合同。谁料，双方因为一笔生意而生嫌隙。山东供应商一纸诉状将郑某公司告上法庭，要求其支付所欠货款 40 余万元。因双方没有业务合同，也没有进行业务对账，到底有没有欠钱，欠了多少钱，双方都说不清。在我看来，这个诉讼是要对两人十多年的生意往来进行清算。从举证角度上看，山东供应商应当证明其已经向郑某公司交付了货物，并且该等货物的价款是确定的；而郑某公司应该证明已经向山东供应商支付了货款，否则对未付款项应当承担支付责任。因为交易时间跨度大，山东供应商的送货单并不齐全，且很多都没有价格的约定；而郑某公司支付的款项有通过公司账户的，有直接带钱提货的，还有票据未背书直接交付的。据此，双方比拼的是证据保存情况。仅从案子上分析，山东供应商是吃亏的，作为起诉方，他负担更重的举证责任。而作为付款方，很多款项会通过银行进行支付，即付款方的证据由一家公信力极高的第三方保管着。最后，法官只能依据双方证据材料、庭审经过及调解情况，通过高度盖然性原则及内心确认原则进行裁判。当然，山东供应商也清楚自己的软肋，通过诉讼只是想寻求一个解决机会，并尽可能多地保全自己的权益。

二、合同订立的原则——促进交易、科学设置权利义务

订立合同的立足点和出发点应当是促进交易、规范交易。2016 年 6 月出现这样的新闻,许多大中小学操场出现了"毒跑道"。经过深度调查,有记者分析,"毒跑道"形成的主要因素之一可能与建设的招投标有关:招投标过程中,承建方为取得承建资格而以低于成本的价格进行投标;中标后,因无法以正常的市场价取得符合高标准的原材料,只能以低价的含有毒素的工业材料替代。另外,国家对中小学塑胶跑道没有最低的国家标准或行业标准也是导致"毒跑道"存在的一个重要原因。通过招投标选聘交易对象,在很大程度上可以通过市场公开竞争取得更为合理的交易价格。合理最低价评标法是最常采用的评标办法,但在实践中也颇受争议。这与订立合同的目的有直接关系。

合同制订的重点应当是科学设立双方权利义务关系。在正常情况下,订立合同是为了交易顺利进行,即明确交易各方在交易中应该完成的事项、完成的标准,最后交易各方都能高高兴兴、顺顺利利地取得各自所需。而合同的违约责任是为了敦促交易各方完成其合同职责而设定的,其并非订立合同的目的。因而,在合同订立过程中,我们应当关注交易各方完成其应当完成事项的可能性及合理性。如一家企业生产一张桌子的成本价为 300 元,然而采购方要求以每张桌子 100 元的价格采购。如双方交易合同达成,最终的结果可能是:销售方无法交付产品,采购方无法取得预期桌子;或者是销售方交付了劣质产品,采购方无法实现预期使用目的。其结果往往是两败俱伤。换言之,合同主体的权利义务设置应当有科学的依据。

一家顾问单位曾向我提出这样的法律咨询:有客户向其采购沙拉酱作为生产的原材料,现在客户以产品中检验出某种不应存在的微生物为由,要求扣除一定比例的货款,该如何处理。

这是一个比较简单的买卖关系的处理,涉及产品质量不符合约定的

内容。依据我国《合同法》及现有证据，采购方提出产品质量不符合约定，销售方应提供同批次产品的检验情况；如销售方已经提供了产品符合约定的初步证明，则应由采购方提供产品不符合约定的证据材料。但经与顾问单位交涉，其客户既不提供产品的检验报告，也不提供交付的同批次产品，即采购方无法提供产品不合格的证明材料。在此情况下，采购方应依据约定支付相应的货款。如无法协商达成一致，则可通过诉讼的途径确定产品的质量及价款支付等问题。顾问单位进一步和我说，这名客户原来也是生产沙拉酱的，可能因为工艺、口味等方面的原因，其产品无法得到市场认可才向外采购。由于各方面原因，原本公司不愿与其做生意，便报了一个相对高的销售价格。没想到对方接受了，但总以各种理由来扣款，包括运输车辆停放不符合他们的规定等。我们的判断是，顾问单位客户的采购价格高于其预期的市场价格，因而在合同履行过程中，采购方总以各种理由扣减货款，以削减其采购成本。

在审查奶粉进口合同时，遇到过外方这样的奶粉定价机制：首先确定每一单位里的原材料成本、人力成本、设备成本及税费；再按照一定比例确定利润；最后确定每一单位的价格。这样，每一罐奶粉的原材料等价格均可以清楚计算。因为原材料、人力等成本可能存在市场波动，因而对于该部分价格，通常会在一定周期内，如季度或年，对价格进行审查确定是否需要商定新的价格。相比较而言，这样的定价机制具有一定的科学性，并且具有可实施性。

三、合同制订的重点关注——合同款项支付

我曾经审查过一个货物销售合同，我依据《合同法》的内容将所有条款审查完毕，并将相关意见和修改建议反馈公司后，公司负责人问了一句："对方什么时候付款？"我回答："按照合同，是收到货物后 10 个工作日。当然还有违约责任对其付款进行约束。"负责人说："这个不行，在发货前货款起码应该支付 60％以上，我们不能指着用违约责任要钱。"这句话给我很大的启示——交易中，与钱相关的内容很重要。在之后的业务

处理中,这一启发给我很大的帮助。

在处理一个交通事故法庭调解案件时,肇事方愿意支付受害方相关费用,但一直以资金筹集困难等理由来压低其应支付的款项。受害方就该笔款项已经经历较为漫长的索要程序和调解程序。作为受害方的代理人,我直接问肇事方:"你现在当场能付多少现金?"他想了一下说:"大概七八万元的样子。"我立即建议受害方拿钱,在调解协议上签字。受害方当即表示接受上述调解方案。年轻的书记员不解:"你为什么那么强调现在能付多少钱,调解书不是也有强制执行的效果吗?""我们不能寄希望通过强制执行来拿到钱,而且那是个烦琐的程序。"我说。司法诚信体系虽然日趋完善,但持有现金还是比应收账款更具话语权。

另有一件合同纠纷,是关于设备购销的。设备销售方在其出售的设备领域具有优越的地位,购买方是我的顾问单位,它的订单非常诱人,价值上亿元。设备销售合同在经过几个修改来回后,基本回到原始状态。双方不得不好好坐在谈判桌上进行商讨,焦点之一就是货款支付方式。销售方坚持先付款后发货;购买方认为先付款可以,但不能超过 40%,设备验收后再支付 40%,剩余 20% 质保期后支付。几番对阵,销售方同意留 10% 的尾款在质保期后支付,购买方同意在设备验收后支付 90% 的货款。这个结果取得了一定程度的"账期"和"质量保证款"。

四、合同纠纷处理——洋流发电总成平台钢架构协议处理

中国的企业家或多或少会有这样一个习惯,喜欢在饭桌或者一些非正式的场合进行业务谈判。而谈判时,喜欢遵循点到为止的规则,万事求大家心知肚明即可。这样做的后果是,虽然双方都认为已经谈成,但在签署正式合同或合同履行过程中还是会遇到很多问题,甚至影响交易的实现。

我们的顾问单位要收购一家从事屋顶光伏发电的光伏企业。这家光伏企业是个项目公司,其名下拥有 7 个屋顶光伏电站,共计装机容量

约为 11MWp。发电的电站由光伏企业的母公司通过交钥匙工程总承包的方式进行建设,大部分电站已经建成并且并网发电。经过多次讨价还价,双方终于以 7.6 元/Wp 的价格达成一致,即交易总价为 8360 万元。然而,就在大家准备尽职调查后进行交易时,双方就光伏企业的运营收入归属产生了分歧。该运营收入包括销售已发电量的收入及政府补贴等各项费用,预计约为 700 万元。依据顾问单位的理解,光伏电站的特性是一次性投入建设,后期现金收入稳定;7.6 元/Wp 的价格是被收购方的建成成本价,光伏企业的运营收入会摊销被收购方的前期投入;所有运营收入应当归属收购方。而依对方的理解,7.6 元/Wp 的价格仅是当前光伏电站的价格,如收购方想要再获取光伏企业的运营收入,必须支付相应对价。于是,因为收购价格的组成无法达成一致,双方最终未能完成收购。

还有另外一件事情。顾问单位与一家钢结构企业建立了合同关系,要求对方提供潮汐能发电钢结构总成平台,涉及交易金额 2000 余万元。在合同履行过程中,顾问单位发现钢结构企业存在偷换原材料的问题。对方虽承认进行过更换,但坚持认为该原材料的更换不会对工程造成实质性影响,仅愿意提供小金额的补偿。我们要求:方案一,对私自更换的材料依据约定重新换回,同时对顾问单位进行赔偿;方案二,如对方坚持更换材料对工程无实质性影响,则对方应当进行保证,剩余 70% 的款项在总成平台正式投入使用后进行分期支付。经过几个月的多次交涉,对方既不愿重做,也不愿进行保证。因双方在处理方案上存在较大分歧,双方最终启动最高管理层——顾问单位的实际控制人与钢结构企业实际控制人协商处理程序。与对方实际控制人商谈回来后,顾问单位人员很开心地和我说:"兰律师,我们的问题解决了,对方同意我们的第二个处理方案了。"几个月的交涉总算有了结果,我也舒了口气,追问:"形成书面文字了吗?""没有。""赶紧写个邮件与对方确定一下。"我提出了补救措施。不出我所料,我们收到对方的补充协议内容,无论是保证责任承担,还是剩余款项支付等内容,均与我们所提的解决方案大相径庭。然而,顾问单位人员也未按我的建议与对方进行邮件确认已谈成的一致意见。双方对补充协议又进行了重新协商与谈判,最终通过双方的妥协与让步达成了一致。换言之,顾问单位对本来已经取得的谈判成果又做出了一些让步。

起草合同及合同的审查与修订这一基本功,并非一朝一夕就能练就,需要律师在长期工作中不断积累,不断总结。

以案例说劳动者承诺放弃缴纳社会保险的时效

2016 年 7 月 1 日,陈女士等 20 多名保洁工人进入杭州某保洁公司工作,并签订劳动合同,期限为一年。签订劳动合同的当天,陈女士等人与公司商定,由劳动者出具放弃公司缴纳社会保险的承诺书,公司另外每月支付给每位劳动者 100 元作为补偿。2017 年 6 月 30 日,劳动合同到期,陈女士等人请求公司补缴社会保险,公司予以拒绝。由此,陈女士等人向当地劳动仲裁委员会申请仲裁。公司在审理中提出:劳动者于 2016 年 7 月 1 日已向公司出具放弃缴纳社会保险的承诺书。依据法律规定,该承诺书出具之日便是劳动争议发生之日,劳动争议仲裁的时效应当从 2016 年 7 月 1 日开始计算,至 2017 年 6 月 30 日,一年的仲裁时效已经届满,劳动仲裁委员会应当裁定驳回陈女士等人的仲裁申请。经审理后,劳动仲裁委员会采纳了公司的意见,以超过仲裁时效为由,驳回了陈女士等人的仲裁申请。陈女士等人不服,向法院提起诉讼。经法院调解,双方达成协议,由公司向每位员工支付一个月工资作为补偿。

一、引言

本案虽然以调解的方式终结,但是我认为,劳动仲裁委员会以超过仲裁时效为由驳回劳动者仲裁申请的做法值得商榷。查阅相关法律文件,杭州市中级人民法院 2009 年 7 月 2 日印发的《杭州地区法院审理劳动争议案件若干实务问题的处理意见（试行）》第二条第四款规定,劳动者以书面形式承诺放弃用人单位缴纳社会保险义务的,或者确有证据证明劳动者同意用人单位以现金补贴方式免除用人单位缴纳社会保险义务的,如劳动者起诉要求用人单位补缴社会保险,以劳动者书面承诺之日或者用人单位支付给劳动者现金补贴之日为劳动争议发生之日。该法律规定与2008年5月1日起实施的《中华人民共和国劳动争议调解仲裁法》(以下简称《劳动争议调解仲裁法》)劳动争议仲裁的规定相矛盾,也与劳动争议仲裁时效制度内涵相背离。劳动者以书面形式承诺放弃用人单位缴纳社会保险义务的,不应以其承诺作为仲裁时效的起算点,而应当根据实际履行的情况确定。

二、劳动者放弃用人单位缴纳社会保险之承诺不具有法律约束力

社会保险制度是国家为了保障公民在暂时或永久失去劳动能力及由于各种原因生活发生困难时给予物质帮助,保障其基本生活的一项制度。它是社会法的重要内容,在保证物质及劳动力的再生产和社会的稳定方面起着重要作用。

用人单位为劳动者缴纳社会保险是用人单位依法承担的一项法律义务,是社会保险制度的重要内容,具有社会法的强制性,它不该因为第三方的放弃而免除。劳动者放弃用人单位缴纳社会保险的承诺是劳动者向用人单位做出的单方行为。该行为是否发生法律效力须依据行为内容的有权性、合法性等因素确定。首先,劳动者仅是缴纳社会保险的受益者,他无权豁免用人单位强制缴纳社会保险的义务;其次,劳动者承诺放弃用人单位为其缴纳社会保险的做法与社会保险制度相违背。因此,劳动者放弃用人单位缴纳社会保险承诺的单方行为不具有法律效力。

由此,用人单位为劳动者缴纳社会保险的法律义务并不因为劳动者的书面承诺而免除或终止。

三、劳动者放弃用人单位缴纳社会保险之承诺不构成《劳动争议调解仲裁法》上的时效

1994 年全国人民代表大会常务委员会通过的《中华人民共和国劳动法》(以下简称《劳动法》)第八十二条规定,提出仲裁要求的一方应当自劳动争议发生之日起六十日内向劳动争议仲裁委员会提出书面申请。这里提到的仲裁时效起算点为劳动争议发生之日。对于劳动争议发生之日理论界与实践中存在不同的理解,一种观点认为是自当事人知道或应当知道权利受侵害之日起计算。另一种观点认为应当是一方当事人在对方当事人做出意思表示的当时或以后,认为对方当事人的意思表示侵害其权利而向对方当事人明确表示异议之日。

2006 年 7 月 10 日最高人民法院颁布的《最高人民法院关于审理劳动争议案件适用法律若干问题的解释(二)》对几种劳动争议发生之日的情况进行了阐明,但对于劳动者承诺放弃用人单位缴纳社会保险义务的日期计算没有明确。

直到 2007 年全国人民代表大会常务委员会通过的《劳动争议调解仲裁法》才对仲裁时效进行了正式的明确规定。其第二十七条规定,劳动争议申请仲裁的时效期间为一年。仲裁时效期间从当事人知道或者应当知道其权利被侵害之日起计算。

依据《劳动争议调解仲裁法》等相关法律的规定,劳动争议仲裁时效的法律构成包括:①劳动者权利受到侵害;②从当事人知道或者应当知道其权利被侵害之日起计算;③时效期间为一年。

劳动者放弃用人单位缴纳社会保险之承诺是对未来用人单位不缴纳社会保险的一种设定,但在承诺时,劳动者的权利并没有受到真实、确定的侵害。只有当用人单位在应当为劳动者缴纳社会保险却没有为其缴纳时,劳动者的权利才真正受到侵害。2009 年的《杭州地区法院审理劳动争议案件若干实务问题的处理意见(试行)》第二条第四款的规定,依然承继 1994 年《劳动法》对劳动争议发生之日的分歧理解,与 2007 年

颁布的《劳动争议调解仲裁法》相矛盾,应当确定为无效的规定,理应不予实施与执行。而《杭州地区法院审理劳动争议案件若干实务问题的处理意见(试行)》第二条第四款规定的适用,不仅直接侵害弱势劳动者一方的权利,同时该条款的适用直接破坏了社会保险制度强制性效力,与各项法律制度的内涵相冲突。从这个层面上讲,也不应予以实施与执行。

由此,劳动者放弃用人单位缴纳社会保险之承诺不构成《劳动争议调解仲裁法》上的时效,不应作为仲裁时效的起算点。

四、劳动者放弃用人单位缴纳社会保险之承诺情况下仲裁时效的确定

那么,在劳动者承诺放弃用人单位缴纳社会保险的情况下,仲裁时效该如何确定呢? 对此,可将承诺视为无效的民事行为,不作为仲裁时效期间起算的依据。这时候,仲裁时效计算方法可依据用人单位未为劳动者缴纳社会保险的方式处理。借鉴连续侵权的诉讼时效及劳动关系存续期间因拖欠劳动报酬发生争议的仲裁时效适用,对劳动者承诺放弃用人单位缴纳社会保险义务的仲裁时效具体处理方式可为:①在劳动关系存续期间,用人单位一直未为劳动者缴纳社会保险的,自用人单位明确表明不予缴纳或劳动者主张权利之日起计算劳动争议仲裁时效。该时效对不予缴纳或者主张权利之前的未缴付行为发生法律效力。②若劳动关系解除或者终止的,自解除或者终止劳动关系之日起计算仲裁时效。③适用时效中断、中止等仲裁时效的规定。

五、尾声

只有更好地理解法律有关仲裁时效性的规定,确定劳动者放弃用人单位缴纳社会保险承诺的性质,才能更好地依法保护劳动者合法权益,

保障社会保险制度的建立与完善。对于陈女士等人的案子,也应当明确其承诺的无效性,陈女士等人对公司未缴纳社会保险的仲裁时效应当起算于 2011 年 7 月 1 日,保障她们依法享有社会保险的权益。

我看 P2P

一阵 P2P"爆雷"的声音在城市上空响过，波及许多百姓。他们或纠结于是否与家人、朋友坦白，或奔走于政府、律师等各方之间，留下一声叹息，或是自责当时"太贪"，或者责备政府监管不力。但是，他们投出去的钱，基本已一去难返。谁会料到，风光一时的 P2P 会落得如今的下场！因在业务过程中接触了 P2P 的一些操作，也遇到了 P2P"爆雷"后投资者的咨询，对 P2P 及其自救略知一二。

一、P2P 本源分析

P2P(peer to peer lending)又名网络借贷，是"互联网＋"时代的产物，被视为将资金借贷搬上互联网的一项创新。P2P 官方设想是将网络平台方仅当作一个信息服务中介机构，并出台了《网络借贷信息中介机构业务活动管理暂行办法》等管理规范，确定 P2P 平台系为出借方和借款方搭建一个平台，以实现陌生个体之间的小规模资金的融通。为了确保出借方的资金安全，官方对平台方也提出了众多要求，如平台备案、平台方自融、资金池、担保禁止等。然而，在完全不了解借款方资信情况的背景下，又因网络用户跨区域性、资格审查困难等各种特性，作为中介机构的平台方根本无法保证借款方对借款资金能够还本付息，也就不可能实现个体与个体之间的网络借贷。在此情况下，P2P 平台一方面通过广告、活动吸引更多的投资者,即出借方,以获取更多可用资金;另一方面,通过设立门店等方式靠近借款方,以及为借款方提供担保等方式极大限度地确保投资者资金回款安全。同时,为了满足借款方急需用钱的需求,P2P还可能对所借款项进行垫付。由此,虽然官方有规范要求,P2P平台实际上并非仅仅是提供平台与信息的中介服务机构,还是资金的实际运营方。P2P不但控制着出借方的资金价格,即利率;也控制着借款方的借款成本;还控制着借款方的增信方式、资金及其流向、平台信息披露等。

举个例子,有个借款人用车子担保借款 12 万元,借款期限 3 个月。平台与其签署的借款合同约定,借款利率为月息 2%,附加其他各项费用。签署后,平台对其车辆进行了质押登记,并将扣除第一期月利息及各项费用合计 8800 元后的 112200 元垫付款付至借款人账户。之后,平台方以此笔借款在平台上按年化利息 7.5%(即月息 6.25‰)的标准进行发标,共融得资金 12 万元偿还其垫付资金。为了规避规范对平台的限制,出借资金的垫付、投资者资金出借、借款方还本付息等资金往来可以通过平台方安排的担保人账户进行。通过上述操作,就这笔 12 万元的借款,平台方的收入包括 1.375% 月利差及借款方支付的各项费用。

我在为银行提供法律服务时,了解到银行对借款人的要求很严格,在借款人提供对房产等资产进行增信的情况下,还需要借款人提供资信证明、还款来源等一系列材料。我十分不解,问银行负责人:"有了抵押物了,为什么还有那么多要求?"银行负责人的话令我至今记忆深刻:"……我们要的不是担保物,我们要的是资金安全,是还本付息!"这是经营资金的根本与应有的态度! 为了确保资金安全,国家对银行等资金经营机构提出了很多的监管要求,如银行的设立要求、内部管理要求、管理人员从业要求、资金管理要求等。

反观 P2P 平台,一个以资金交易为内容的网络平台,基本没有受太多的监管。很多 P2P 的实际控制人被叫作"银行行长",且是不受银行监督管理委员会监督管理的"银行行长"。面对巨额的资金流,完全靠平台方的自律实现管理及资金安全,这简直是天方夜谭,根本无法保障资金安全。P2P"爆雷",也是情理之中的事情。

二、P2P 的问题分析

我总结，P2P 存在的法律问题可能包括以下几方面：

1. 提供担保的 P2P 平台的经营风险无法有效控制。如果资金端和需求端分离，P2P 可谓实现了经营资金的自由。但为了确保该经营的可持续性，P2P 经营方可能选择为借款人提供担保。资金在滚动过程中，从表面上看不需要庞大的资金量，且可以实现 10％以上，甚至 20％—30％的年化利率。但是，只要一笔借款出现风险，就需要 P2P 平台收取的十几笔乃至上百笔业务的利息（或费用）去弥补其中的损失。因而加强对借款人的尽职调查很有必要，但是这极大地增加了 P2P 的经营成本，且在很大程度上难以实现。

2. 资金使用无法有效控制。在 2018 年底，我们接受了一个"爆雷"P2P 平台的法律咨询。其基本情况为：X 公司及其关联方通过线上和线下门店销售理财产品，吸收投资，投资收益率约为年化 15％，利息按月支付，并由 X 公司设置的壳公司进行还本及为支付投资收益提供担保。投资的款项可能进入平台公司，也可能由项目经理收取。整个 P2P 平台涉及的投资者金额约为 2 亿元人民币。"爆雷"后，在了解投资资金的去向过程中，相关人员介绍说，一部分资金用于支付原有资金的利息，一部分资金用于房租、人员工资、赠品等各方面开销，有 7000 万元至 8000 万元的资金投到了所谓的项目中，包括在外地购置的一块地上进行房地产开发项目、某物业租赁权的转让项目及某品牌餐饮公司拓展股权投资项目等。其中，除了房地产开发项目仍在有序进行外，其他项目基本宣告失败。当资金来得太容易的时候，他们无法停下继续吸收资金的脚步，不但不能严格按照募集资金时发布的内容使用投资资金，也无法对挪作他用的投资项目进行有效风险防控，这样做直接的后果就是越来越大的资金缺口。这也是 P2P"爆雷"的必然性所在。

当然 P2P 还有其他的问题，如内部管理问题，对于投资资金的具体使用情况及投资收益的支付等情况可能处于混乱状态。

三、P2P 的自救

再来看一看 P2P 自救。在我看来,所谓 P2P 自救,大多数是延期付款。为说服投资者同意自救方案,平台方也会采取一些增信措施。比如引入第三方担保方,比如由控股股东或实际控制人加入其他自有资产进行担保等。然而,在这场自救过程中,P2P 的财务情况、资金流向等均受控于平台方,并不对投资者公开。延期后,平台方能否实现其承诺,投资者最终能拿回多少钱,都是未知数。即便如此,对于一般投资者,也只能选择听从平台方的安排。

一家企业从市场退出,需要清算。如资不抵债,则可破产或重整,但需要法院指定的管理人进行接盘清账。P2P 平台的危机,涉及大量普通民众的资金,可以考虑由官方指定第三方中介机构进行接盘,对平台的账务、资金、资产情况进行清理,在此基础上出具处理方案供投资者表决。

P2P 应是带着镣铐跳舞的舞者。愿规范与监管更清晰,愿舞者美丽!

法律谈判

    谈判是律师每天都在处理的事务,谈判能力是律师的基础能力之一。但本文所述法律谈判主要是业务过程中的商业谈判。狭义上的法律谈判是合同交易方正式地就交易合同的条款进行协商,最终确定双方权利义务的过程。广义上的法律谈判包括任何交易与合作所涉及的协商、沟通、磋商等。我们经常说,法律谈判是一场"你输我赢"的竞技。如果在谈判中,没有做出很好的安排或抓住机会,往往不能形成一个有利于己方的交易条件,生意可能做亏了,投资也可能失败。当然,法律谈判也不全是一场"你输我赢"的竞技。谈判是双方为达到共同的目标而进行的一种沟通,应是双方共同努力形成一个双方总体认可的解决方案。相较于将其理解为"竞技",我更愿意将法律谈判理解为一种"共益"的相互说服过程。

一、法律谈判与商业地位

    很多时候会遇到这样的情况,因为商业地位悬殊,弱势方对于合同并没有任何的谈判能力。但实际上,强势的商业地位背后往往附带着强势主体的责任、商誉、商业机会等。有得有失、有失有得,一切都须尊重市场经济规律。在为银行个人贷款业务提供法律服务的过程中,律师最重要的工作内容之一就是为客户解读贷款合同,并对客户提出的合同问题进行法律解答。很多客户提出要修改贷款合同,比如用书面的形式固定贷款利率的折扣,比如增加银行的义务等。这样的修改要求基本没有被满足过。因为这仅仅是一次合同解读,并非合同协商,解读贷款合同更多的意义是告知借款人其应当如何正确履行合同。不过,银行的总体服务一般是有保障的,且在贷款利率上存在折扣的优势,其对客户不会轻易"爽约"。

 如果是两家商业地位相当的主体进行法律谈判,那么基于商业合作模式,法律谈判将更加具有挑战性和说服性。一家企业出租自己享有所有权的大楼的大部分楼层,一年的租金就达到 700 多万元,租赁合同经过双方律师修改几次后,双方都决定坐下来谈一谈,就关键条款进行最后的商榷。双方争论的主要焦点是:明确电梯、消防等公共设备及地下车库等维护、维修的物业管理费用及其承担方。承租方认为,依据《物业管理条例》,物业管理费用应当由业主承担。因此,在双方的租赁合同中,该笔物业管理费用由承租方承担是不合理的,应当由业主方,也就是出租方来承担。承租方实际上是借用法律规定来说双方租赁合同中物业管理费用的事。对此,出租方回应,《物业管理条例》规定的是物业服务费用由业主承担,但是现实中,如果房屋出租,物业服务费是由承租方承担的,也就是谁享受服务谁承担。另外,租赁合同中的房租金额也仅是按照市场上房屋出租价格进行制订,并未包含物业管理费的价格。如果物业管理费需要出租方承担,那么这个房屋出租价格肯定是不合适的,需要调整。在这个基础上,双方开始探讨具体的物业费用的组成及价格。经讨论后,承租方最终接受了该条款。在这个谈判中,如果双方仅是简单地说"要承担相应物业管理费"或者"不承担相应的物业管理费",并不能解决问题,只会让双方的签约工作无限期地拖延。真正的谈判,是要提出能够说服对方的具体理由的。

 在谈判中,作为商业地位较强势的一方,在尽可能规避自己一方的法律风险后,也应该在尽可能的范围内考虑双方的共同利益,这才是可持续的商务之路。我曾遇到过这样的合作,一方利用处于优势的地位,在合同中将所有的产品风险、税收风险等法律风险转嫁给交易对手。但该优势方在产品质量等方面并没有"确实靠得住"。在交易过程中遇到问题时,优势方总是按合同约定处理,并没有考虑具体交易问题产生的原因及交易对手的承受度。最终,双方的交易持续不到 1 年便终止了。虽然该交易对手在该笔生意中损失过亿。但是该优势方也失去了一个重要合作伙伴,从长期看,这是一笔"双输"的交易。

记得有位律师曾经介绍她的个人经历,她说:"我们花了一天一夜的时间进行谈判,最后合同又回到了原始状态。但是,这样的谈判是有意义的。因为经过这样的谈判过程,双方都从内心确定和接受这是最佳方案,就会更好地履行合同。"

二、法律谈判的业务流程

双方的合作往往起源于意向,发展于条款清单,落实于合同,执行于履行。

首先,是达成合作意向,也即双方通过初步接触、了解,就某项领域或业务的合作达成意向。这个意向可以是签署合作意向书或类似文件,也可能不签署任何文件而进入下一环节。意向书一般不具有法律约束力,除了保密条款、排他性条款、有效期条款具有法律约束力外,它更多是双方开始进一步商谈的见证文件。在实践中,我遇到过这样的民营企业家,在收购或投资初期,还未正式开展尽职调查的意向阶段就先与对方确定了交易价格这一交易的关键要素。未经过合理论证的定价,往往会成为后面交易及谈判的障碍。很多时候就是因为谈判双方对前期的不严谨定价存在非常大的异议,导致最终一拍两散。

其次,是确定主要条款清单。法律谈判在主要条款清单确定阶段就已经正式开始了,而且至关重要。主要条款清单确定的是双方权利义务关系的核心内容,主要功能是规划双方的交易模式及交易路径。即便大部分主要条款清单都会被双方认为是纲领性的文件,不具有强制约束力,但是主要条款清单在整个交易中是非常重要的。主要条款清单就如盖房子的地基与框架,当地基与框架搭好后,剩下的就是添加砖块及门窗等附属设施。一项权利或义务被写进主要条款清单后,其必将作为核心条款被写入最终的业务合同中。如在具体的业务合同中要修改或变更主要条款清单的内容,会被认为是一件不严肃的事情,除非有非常正当的理由或者以其他商业利益进行交换,否则很难被对方接受。

在一项股票出售的交易中,双方通过主要条款清单确定了交易股票的数量、价格确定方式、回赎条款等内容。双方就主要条款清单进行了签署确认。后在业务合同具体谈判过程中,出售方提出要对价格确定及回赎条款进行修改,但因未对该修改提出让收购方信服的理由,收购方未接受。

在一个产品采购协议的主要条款清单里,双方确定了"照付不议"的采购模式,即采购方有义务采购约定数量的产品,否则承担"照付不议"的义务;也确定了"原料成本+生产成本"的产品定价模式,即使得卖方的定价机制基本实现了市场化。这样的交易模式极大地保护了卖方利益,以市场价格锁定了销路不畅的风险。相对而言,采购方就承担了更多的交易风险。如果采购方能够依据约定数量采购产品,则双方能够友好进行交易,互利共赢;如果采购方的采购量低于约定的数量,则仍需承担供应方的成本,即保障供应方的利益;如果采购方需求增大,供应方无法为增加的需求提供任何的帮助。最后,采购方因终端产品销量下滑,无法向供应商采购约定数量的产品,但仍需向其支付固定款项,而将处于不利境地。

由此,在开始主要条款清单探讨之前,交易方应对交易架构及关键事务等内容进行严密而又严谨的论证。

最后,是确定具体业务合同。确定主要条款清单后,便要进入业务合同的谈判阶段。业务合同是在主要条款清单框架内的具体权利义务关系的落实。

三、法律谈判的技巧

谈判可以理解为互相说服的沟通过程,而真正的法律谈判应该是有组织、有策略的,也是讲究技巧的。

(一)谈判的基础应是现实可行的

现实可行性应是一项交易的基石。如果交易一方提出的交易模式或者交易条件,是另一方无法实现的,那么该方的交易模式或交易条件就不可能被接受;即便被接受也可能是附条件或无法实际实施的,最终也会遇到执行障碍。如在一项与互联网平台合作的交易中,相应的交易流程及款项收取均由网上系统进行,如果有客户提出不同的交易流程及费用标准,这在操作层面就很难实现。因此,这样的谈判注定是要失败的。

在执业实践中,我就遇到过这样的案例。

我参加的"律师进社区(村)"所对接的村合作社持有 123 亩的集体土地,2017 年 11 月经公开招投标后由村民来某以每年 1600 元/亩的价格,共约 118 万元的总价取得了 6 年的承包权。双方约定承包土地于 2018 年 11 月 8 日交付。2018 年 4 月,国家电力公司因搭建电网需要,在该地块上永久建造了三座占地合计约 1.29 亩的电塔。同时,在电塔建造施工过程中,借地使用了约 14 亩土地。国家电力公司与该村所在的街道签署了补偿协议,对永久占用土地及借用土地的补偿费、青苗费、复垦费等全部费用进行了补偿。2018 年 11 月,承包土地具备交付条件后,村合作社告知来某交接土地。来某却以应交付土地建造了电塔,影响实际使用为由要求解除双方承包合同,并返还其交付的相应承包费。双方由此产生纠纷。在村合作社的邀请下,合作社相关负责人、来某及律师在村里就这个事情进行协商处理,实际也是双方的一次谈判。

在谈判中,首先聚焦双方谈判的前提问题:来某还需不需要继续承包该土地?进而再进一步探讨要继续承包土地的处理方案,或者不要继续承包土地的处理方案。来某及其律师表示,想先听听合作社对继续承包土地的处理方案。

合作社与我们进行协商后提出:①1.29 亩电塔土地部分的承包费扣除;②14 亩借用土地依据客观情况考虑给予免除 3 年的承包费;③国家电网给予的青苗费、复垦费等补偿全部归来某所有。以上合计可以减少 15 万元左右的承包费。可以说,合作社给出的条件是诚意满满的。来某及其律师也是有备而来的,她们提出的诉求如下:①因 1.29 亩电塔土地及 14 亩借用土地均是无法依据合同使用的,相应承包费扣除;②因 1.29 亩电塔土地及 14 亩借用土地所处位置与土壤情况为整体土地中较好的土地,因土地整体质量水平下降,剩余土地的承包费应当降低,至多按总价 70 万元的标准进行承包。虽然她们提出的理由听起来有些许道理,但总体是背离客观情况的,是不能被接受的。在来某及其律师的诉求下,合作社摊出底牌,最多愿意将借用部分土地的 6 年承包费全部予以免除,即再免除来某 6 万多元的承包费。但来某仍未当场同意。

谈判结束后,合作社立即发函来某,告知来某:①电塔项目系经国家审批的公益性项目,且该项目用地未对双方承包合同造成实质性影响,来某无权单方解除承包合同;②来某未按期接收承包土地,已构成违约,再次告知于 12 月 30 日前办理交接手续;③如来某未及时交接,相应损失由来某负责;④因来某原因导致合同终止的,则来某需要承担土地空置、重新招投标费用及差价的相应法律责任。大家还是希望能够协商处理这场纠纷,发函也系给予来某思考时间并为双方进一步调解留出空间。

事不如人意,来某选择了向法院提起诉讼,要求解除双方承包合同,并由合作社返还承包费及支付相应的利息损失。案件经一审审理判决驳回了来某的诉讼请求。双方在此诉讼过程中,支付的律师费、诉讼费等费用合计达十余万元;在诉讼期间,承包土地处于空置状态,截至一审判决时预计损失十余万元,而且该损失还在进一步扩大。真是得不偿失!

(二)谈判的前提是利弊分析,占据有利地位

凡事预则立。一场交易相对复杂的谈判,往往涉及商务、财务及法律等各方面问题。在谈判之前,交易方应当对谈判需要解决的问题、解决问题的可能路径及己方拟达到的目标进行综合分析。这样的分析应当有"换位思考"的思辨能力,即站在交易对手的立场上,考虑它可能遇到的问题,它所持有的解决问题的路径,它可能达到的目标。当然,因为信息可能存在不对称,对于交易对手的情况也不可能全部了解,由此也

要时刻准备应对交易对手的出其不意。交易的利弊分析，应当包括可行性方案的替代。

虽然在真正谈判之前，无法完全了解可能出现的争议问题，需要交易方在具体谈判中予以临时应对。但现实中的确存在这样的情况，很多交易方在交易前并没有习惯去研究交易模式及双方可能存在的争议焦点，或者直接忽略了可能存在的争议焦点。一般情况下，这些争议焦点是绕不过去的，总会在后面的谈判过程中等着交易双方。如果直到具体谈判时，交易方才意识到相应的问题，便可能会处于被动地位，原来设计好的交易框架可能也会由此发生变更，谈成的交易也可能"面目全非"，无法实现原有的交易目的。

如本人在《说说法律与财务》一文中所提及的案例。A公司与B公司建立合作关系后，其发现该合作不可持续，就提出了新的合作模式，并打算与B公司进行协商沟通。但A公司在与B公司协商沟通前，A公司内部的商务、财务、法律等人员自身都没有对原有交易模式与新的合作模式之间的区别及相关转变对双方可能存在的影响进行深入分析及研究，以至于到了谈判时A公司既没有提出变更新模式的具体理由，也没有可行的实施路径，由此整个谈判现场显得很尴尬。在具体主要条款清单的谈判过程中，因对公司的财务数据及其模型未做深入了解及分析，A公司的底线也不断地调整，原来已经确定可以给B公司的交易条件也直接撤销或者变更。要不是一定要解决双方贸易中的问题，我想B公司早就打道回府，和A公司说再见了。

前述村合作社土地承包案中，正是因为合作社一方对电塔占地对双方合同的法律影响，对方要求解除承包合同的法律性质，以及对承包合同继续履行或终止的不同解决方案等均有所了解与准备，因此在双方沟通过程中，合作社所述均有理有据。

在不同的交易中，需要分析的谈判内容不尽相同。投资协议中，投资方需要保障的是本金及其收益，因此会提出反稀释、同售权、业绩目标对赌、回购、竞业限制等内容；实际控制人则需要考虑是否能够实现相应的业绩等内容；双方共同关注的是公司的估值及持股比例，即交易价格。产品分销协议中，供应商会考虑产品分销权的控制、产品流通情况的知情权等;分销商会关注产品的质量、供货情况、后期服务等;双方将会对供货订单流程及其价格确定进行重点协商。房屋租赁合同中,租赁房屋、租期、租金金额及其支付方式等是常规内容,但是房屋性质与用途、物业管理、维修、装修、工商地址登记变更、逾期缴纳房租后停水停电等内容,都是需要考虑的细节问题。

(三)谈判的过程是相互说服

1.谈判礼仪。

一个正式的谈判,应当是有礼有序进行的。谈判礼仪包括很多,如衣着、握手、座位安排等。此文仅对谈判发言顺序及文件修改顺序进行讲述。

(1)有序发言。

有序发言是法律谈判有效进行的保障。在法律谈判中,无论是面对面的现场谈判,还是电话等非现场谈判均系由双方轮换发言的方式进行,即一方将所有观点表达完了,再由另一方进行表达。在谈判过程中,一般遵循"one meeting"的规则。一方在发表观点时,另一方不得随意打断。同时,非发言人员随意插话,窃窃私语,交头接耳,无论是发言一方还是非发言一方,均会被认为是没有礼貌的表现。这不仅是维持谈判秩序的需要,也是对发言人的尊重。当然,谈判有主谈人和随同人员。如一方所涉的问题是一个新问题,或者是一个疑难问题,随同人员具有新的观点或反驳意见,则可以通过发言、纸条或者叫停休息等方式告知主谈人,由主谈人进行决策。

在谈判过程中的记录也是尤为重要的。为了清晰了解发言方所陈述的内容及观点,未发言方需要将发言方所陈述的观点进行简要记录,并对存在的问题进行标注,以便就发言方的某一问题或某系列问题进行整体回应。双方可能会对某一问题的细节性问题进行进一步的讨论,展开第二轮的谈判,但这均是在有记录的前提条件下进行的。

谈判成果的书面化。在经过一系列辛苦的谈判后,双方一定要将已经达成的意见和观点进行记录,形成谈判备忘录。这样的备忘录是极为有意义的:一方面可以防止当事人反复,提高谈判效率;另一方面也是开展下一步谈判的基础。

（2）轮流修改法律文本。

另外一个重要的谈判礼仪便是文本的起草权与修改权的分配。文本的起草权对整个谈判至关重要。一方在出具法律文本前,往往会将可能存在的法律风险予以严谨的分析,并写入协议、合同等法律文本之中,而交易对手的权利义务往往被有意无意地忽视。而对于已经被写入法律文件的内容,另一方想要进行删除或修改,若没有合理的理由说服对方,往往是很难实现的。甚至有些时候,另一方删除或修改的理由即便已经说服了起草方或修改方,后者仍可以莫须有的理由拒绝修改和删除,非起草方或修改方便处于被动地位。现有的民营企业家,会因为怕麻烦,或图方便,或对起草文本权重视不够,或能力有限,不但不主动要求起草相应文本,反而主动要求由对方出具文本,这在很大程度上增加了交易的风险。

一般文本是由商业地位较为强势的一方,或者交易中出钱的一方出具。文本起草后,接下来就是谈判后对文本的修改。一般情况下,文本的修改应由非起草方主持。当然,文本修改方仅可依据双方谈判内容,对相应的条款进行修改;而不能偷偷地将未经过谈判的内容进行修改。修改后的内容也需要对方审阅后确定方可作为正式的文本内容。

在具体法律谈判中,经过两次的谈判及文本修改后,大家基本会聚焦于几个主要的条款,如价格条款、供货条款、违约责任最高限额条款。这时候可以形成一个问题清单,将相应条款及双方观点予以陈列。在相对较为复杂的谈判中,双方还可能形成责任矩阵来明确双方不能更改的权利义务关系。这样,对于具体合同或协议的谈判就"化繁为简"地成为针对问题清单及责任矩阵中具体问题的谈判。相应问题解决后,再将修改内容添加到原来的协议等法律文本中去。

由此,谈判礼仪中蕴含着谈判技巧,也影响着谈判过程及内容,应当予以重视及认真对待。

2.说服别人要会"听、想、说",要有事实及法律等方面的依据。

与其说谈判是"你死我活"的过程,不如说谈判是不断探索对方底线,并相互说服、互相靠近的博弈过程。如何说服,是一门深奥的技术,要求谈判者会听、会想、会说。其中,"听"是关键。谈判者不仅要听对方陈述,还需要听出背后的逻辑、对方的诉求及目的。"想",就是在"听"的基础上,想出对策,这就需要谈判者全方位了解谈判事项的基本情况、涉及的法律规定及交易对手筹码、心理期待等各方面信息,并融会贯通,随时提取。"说"就是要依据所"听"、所"想","有立有破"地反驳对方观点,陈述己方观点。说服的过程及理由应当是具体的,是有一定事实及法律依据的。

我曾参与一家中方的民营企业收购境外一家跨国公司旗下工厂的谈判事务。在谈判过程中,跨国公司主谈判人一边坐的是公司业务主管,另一边坐的是他的律师(理论上还应有个财务人员,但我推测那个主谈判人自己应该就是财务出身)。如谈判中提及了法律事宜,主谈判人便与他的律师沟通;如谈判中涉及业务问题,主谈判人便会与公司业务主管进行交流,以便在发言时能够提出足够的理由进行反驳。虽然中方收购了该跨国公司旗下的工厂,因为技术、原材料采购等原因,目标工厂仍需委托该跨国公司进行管理。从理论上说,中方作为工厂的所有方及工厂管理的委托方,对工厂的经营管理享有决定权。然而,依据跨国公司提供的合同文本,中方连进出厂区的自由都没有。虽然按照合同意思自治及法无禁止皆可行的国际惯例,现有合同条款具有可行性。但是,这样的约定在很大程度上违背了代理制度的精神。如果无法说服跨国公司打开厂门,合同条款是无法变动的。谈判过程是非常精彩的。当中方提出需要进入工厂时,跨国公司的谈判人就立即问道,你需要哪些人进入工厂?进入工厂的目的是什么?跨国公司的提问其实是个陷阱,不管中方提出什么人以什么目的要进入工厂,它都会以生产安全、管理方面的商业秘密保护等理由予以否决。同时,跨国公司也为该问题设置了退路,如果最终允许中方的人员进入工厂,那么也可以从进入人员确定、可活动范围、可进行事务等方面对中方人员进行限制。中方并没有掉入跨国公司提问的陷阱,中方的CEO明确地回应道:"任何人!"这明确地告知了跨国企业中方作为产权方及委托方的主导地位。跨国公司的谈判方可能也意识到这触及中方的底线了,便不再在进入工厂人员及目的上进行说服。目标工厂的大门就此打开!

还有一个调解装修工人人身伤害的案子。该装修工人王某二十出头，从脚手架上掉下来，头颅受伤，手术后生命是保住了，但是智力受到严重影响，鉴定为工伤伤残四级，生活部分依赖护理。当时王某系经舅舅介绍，由舅舅的一名合伙人作为包工头招去做工的。发生事故时，该包工头与王某家属谈妥，除了承担相应医疗费，还另外支付了25万元的赔偿款。现因王某伤后智力障碍的事实情况，其父母又起诉至法院，要求包工头赔偿款项近100万元。在调解过程中，王某父母将王某带到了法院，在王某已经不能正常思维、正常表达，智商就如三岁小孩的情况下，包工头的心被软化了，愿意再拿出钱来对王某及其家庭进行补偿。而王某的父母也在已协商的情况下，愿意对要求的金额进行调整，最终双方达成再付20万元的赔偿金额。这是依据客观事实及法律进行的互相说服，双方在内心都是接受和认可的。

在一个股权激励款诉讼纠纷中，双方对款项支付的期限进行协商。因企业经营困难，支付方要求对方给予2年的账期。该方案是不符合现实情况的，如果对方愿意给予2年的账期，其便不会向法院起诉。既然已经向法院起诉，就是想要尽快拿到款项。由此，要求对方给予2年的账期是不现实的。最终，双方以分期付款的方式取得了半年的账期。

(四)谈判的结果应是双赢的

无论是合作型谈判，还是对抗式谈判，谈判的结果都应该是双赢的。所谓双赢，就是各自从内心而言可以真实接受，并基本认可谈判结果是双方合作或者双方事务处理的最合适的方案。如果，谈判的结果完全是一方获益，另一方未受益，则这样的谈判结果是不会持久的。例如：双方经过各方面工作达成了调解协议，但如果该调解协议内容不是当事人从心底确认可接受的，即便是经当事人签字确认过，仍有可能面临调解协议得不到全面履行的局面。由此，内心认可极具意义，是双赢的深层次表现。

当然，在双方谈判中，往往会涉及一些大的原则性的问题，此时双方都不会轻易让步。在遇到这样的问题时，通常有两种解决方案。第一种解决方案是"曲线救国"，即以一个双方都可接受的其他方案替代；另外一种解决方案是"退让式交换",即双方对最终争议焦点进行交换性的让步,以达到最后的双赢。

四、尾言

律师谈判能力是一项综合能力,是集社交、业务、法律、财务、心理等于一体的全方位技能。提高律师谈判能力是一个有意识的积累工程。

律师的系统性思维

世间万物都是紧密联系的,它们处于系统之中。一只南美洲亚马孙河流域热带雨林中蝴蝶扇动翅膀的行为,可能引发北美洲的一场龙卷风;"牵一发而动全身"说的就是系统要素之间的相互影响。律师的系统性思维在处理法律事务过程中是极为重要的。它要求律师处理事务时应当具有全局观,不能仅是"头痛医头,脚痛医脚",而是应以所处理事务为一个中心,对其相关事务延伸思考,判断所处理事务对其可能造成的影响。这样方能确保相应事务处理的可控性。

一、什么是律师的系统性思维

律师系统性思维包括律师对企业业务流程的了解及运用。一家企业因受产品销量下滑的影响,无法向其供应商采购最低订单量的原材料。由此,该企业需要按月向其供应商支付一笔固定费用,以弥补订单量不足给供应商造成的损失。在处理该笔业务的时候,有人提出,为避免该笔固定费用的支出,可考虑将约定最低订单量的原材料全部购入。这个提议被企业的负责人否决了。"这会是个灾难。依据目前产品销量情况,那么多的原材料购买进来,是没有办法从销售的渠道予以解决的。而采购及生产的过程均需再进行投入,只会让损失更大!"企业负责人说。这就是一个企业家的系统性思维,他将采、产、供、销的系统有效地结合在了一起。

律师系统性思维包括律师对一个法律问题的细致性思考。如一个消费者投诉一个预包装食品的真实重量与标签上的重量不一致,属于"缺斤短两"的行为,要求商家按照《中华人民共和国食品安全法》进行"一赔十"。对于这样的事情的处理,我的第一反应不是对消费者投诉的法律分析,而是向企业了解出现"缺斤短两"的原因,这个现象是个别现象,还是批量问题。如是个别现象,恰当的处理基本不会影响大局;如是批量问题,稍有处理不得当就可能引发"群体性问题",对企业的产品及声誉造成不利影响,需要慎重处理。

二、如何培养律师的系统性思维

律师应当在业务过程中培养自己的系统性思维。

首先,应当有培养系统性思维的意识。在处理单项法律事务的时候,在处理方案确定后、具体实施前,尽可能多方位地想一想,这样的处理方案会不会对与该事务相关联的事务产生不利影响。如果会,是通过补救方案就可以解决的? 还是需要通过调整处理方案才可以解决的?

其次,系统性思维的培养是一种思维方面的训练,需要律师扩充知识面,用心对生活、对社会进行细致观察及思考,捕捉事务的系统性。律师的系统性思维就是律师在自己的专业领域要发现与处理事务相关的系统,然后将该等系统进行关联,形成体系。换言之,系统性思维首先要做的就是看到(或发现)事务的系统,即各方面的相关性,这就需要律师有宽广的知识面,并会运用知识对社会、对生活进行有意识的观察及思考。

我在工会担任特聘律师时,经常遇到二十一世纪初下岗的人员申诉当时"下岗"政策给他们带去的"伤害"。那时的我简单地理解为,相应企业依据我国《劳动法》已经给予"下岗"人员经济补偿,他们提出再多的要求便是无理的。当时的工会维权中心主任和我探讨道:"企业给了经济补偿金没错。但是,你要考虑到,这些人大部分是'40后50后'。从年龄的角度,将他们抛回社会,从适应能力、学习能力等各方面,他们很难顺利地用新的技能进行谋生。而所谓的经济补偿金只能维持他们一段时间的生活,而不是一辈子。"这让我在处理劳动人事事务时有了新的视角和维度。

经常听到的股市的系统性风险也是一种系统性思维。股市大跌,直接影响上市公司的估值,继而影响银行对其的授信;同时,一般情况下,控股股东对上市公司的股票都是质押融资的,当股价下跌后,贷款机构一般都会要求进行"补仓"或增加担保。如果银行贷款的担保率为60%至70%左右,也就是股价下跌三四个跌停板(跌停板系当日股价下跌了上一个交易日收盘价的10%时就强制停止交易)后,其股票担保金额便可能存在无法覆盖其借款的情况。当股市的价值整体下跌,便可能出现贷款金额无法得到有效担保的情况,也即所谓的金融系统性风险。楼市也同理,如房屋价格急剧下滑,则楼市价值无法覆盖按揭比例(按首套房70%的按揭率计算),则就可能出现金融系统性风险。

最后,系统性思维是一种实践的思维,要在处理相应事务过程中不断总结,以便在遇到相应事务时本能性地形成系统,这也就是诉讼律师能更好地进行风险把控的原因之一。前期参与一家化工企业IPO项目时,其营业执照中的经营范围因差了一个顿号,便与其实际经营的化学物品不一致。这赋予法律尽职调查中对营业执照审查的现实意义。一如合同审查中要求提供当事方的主体证明信息,如身份证复印件或营业执照等。经常遇到这样的事情,在律师的建议下,业务过程中,书面材料都签了,但没有留下签约人的身份信息,以至于产生纠纷时,因无法确定签约人的具体身份而对通过诉讼解决相关问题产生了严重阻碍。通过两家大型企业照付不议业务模式的处理,则更清晰地认识到照付不议的业务模式对购买方的利弊。在后期选择业务模式时,才能选择更有利于购买方的业务模式。

三、律师系统性思维的运用

律师具备系统性思维,在处理法律事务时,才能更好地看清事务之间的联系,才能更好地确定处理思路及路径。

合同审查需要律师的系统性思维。如审查合同的违约金条款。我国《合同法》第一百一十四条规定:"当事人可以约定一方违约时应当根据违约情况向对方支付一定数额的违约金,也可以约定因违约产生的损失赔偿额的计算方法。约定的违约金低于造成的损失的,当事人可以请求人民法院或者仲裁机构予以增加;约定的违约金过分高于造成的损失的,当事人可以请求人民法院或者仲裁机构予以适当减少。"由此,我对于违约金的约定并不是很关注。但是,该约定确确实实会对当事人造成影响。一家企业在与投资服务单位签订合同时约定,如企业未按时向投资服务单位支付投资收益分成费用的,则应按照未支付款项的千分之一按日(即年化 36.5% 的比例)支付违约金。后,投资服务单位服务的投资项目获得收益。依据约定,投资服务单位可以获得约 400 多万元的服务费用,但该企业未及时付款。为此,投资服务单位将该企业告上了法院。经审理,法院判决该企业应当支付该笔服务费用,并按未支付金额年化 24% 的比例支付违约金。虽然,对于法院按年化 24% 的比例确定违约金的合理性存在争议,但从诉讼至执行的两年多时间里,企业经判决确定需要承担的是:400 多万元服务费用及 200 多万元的违约金。因此,在订立合同时,对违约金金额或计算方法应当更加慎重地对待。通常认为,按照银行同期贷款利率确定违约金是较为合理的。

诉讼处理中也需要律师的系统性思维。法院在诉讼过程中采取的查封账户及强制执行黑名单等措施,也是一个系统性工程,它可以直接穿透至企业在建立一项业务合作时的诚信度及谨慎性。一家企业如成为被告,它的账户有可能被法院查封,由此可能直接影响到其对银行的融资,继而影响到企业的现金流及其相关的各项经营活动。如果一家企业被列入失信黑名单,基本也就进入宣告破产的境地了。由此,这些事后影响都在告诉企业，在签订合同、履行合同过程中需要以"诚信、善意"作为行为原则，否则可能会因此付出惨重的代价。所以，律师在服务企业过程中，应当在其对外合作的开始，就以"切实可行"作为法律服务的指导性原则。

系统性思维在重大项目谈判中更显重要。在谈判之前搭建合作模式及框架，就是对项目整体系统的建设，具体谈判，就是在原有搭建的系统上进行修订。但每一个子项目的修订都可能引发其他子项目的同步变动。由此，在谈判过程中，某一条款发生变化，就需要审视整个项目系统是否发生变化。如仅是点对点的说服，往往出现"顾此失彼"的局面，使自己落入谈判劣势。

综上所述，律师应当在执业过程中，注重培养自己的系统性思维，并将其运用到具体的法律事务处理中，才能使执业更加得心应手，更加专业。